国家级职业教育规划教材

全国中等职业技术学校饭店服务专业教材

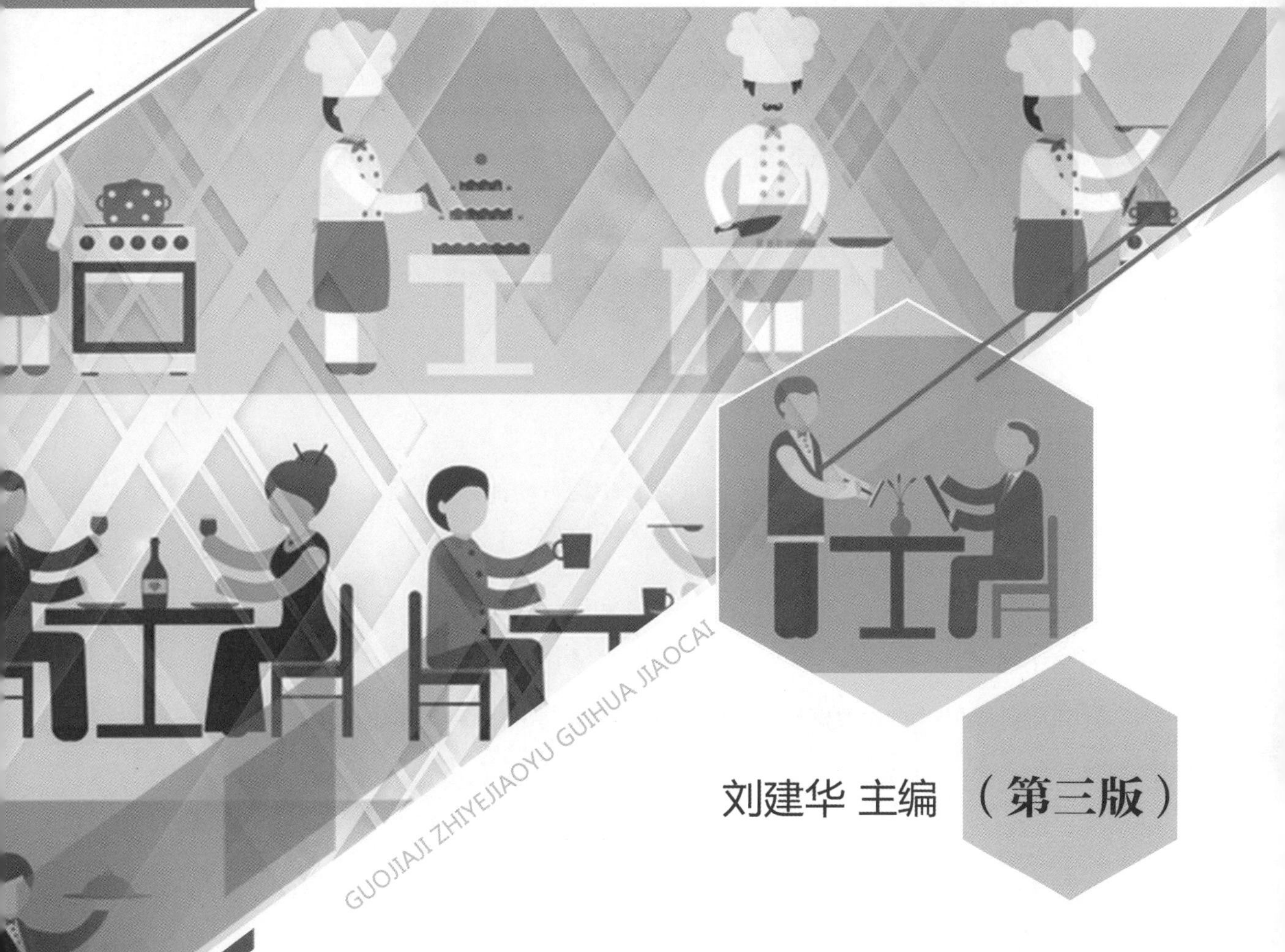

GUOJIAJI ZHIYEJIAOYU GUIHUA JIAOCAI

刘建华 主编

（第三版）

康乐服务

人力资源社会保障部教材办公室 组织编写

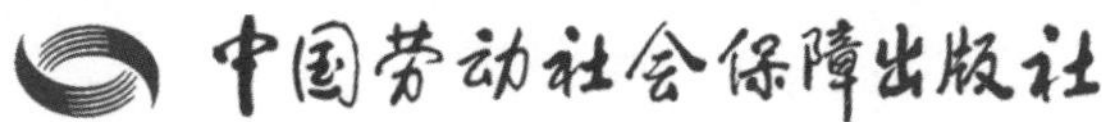

简介

本教材针对中等职业教育和饭店康乐服务工作的特点而编写，侧重于饭店康乐服务基本知识的学习和操作技能的运用。教材以康乐服务必备的岗位职业能力为依据，以标准的接待程序和服务规范为主线，将康乐部门的服务工作分为三个部分，即康乐基础知识、康乐项目简介和服务、康乐项目的管理服务三个模块分别进行讲解，同时结合饭店康乐经营的实践，系统介绍了康乐服务的理论知识、服务技能和基础管理知识，是一本融知识性、实用性、前沿性为一体的教材。教材可供中等职业技术学校旅游管理、饭店管理专业使用，也可作为康乐服务从业人员的培训教材。

本教材由刘建华主编，席文副主编，贺湘辉主审。

图书在版编目（CIP）数据

康乐服务 / 刘建华主编. —3版. —北京：中国劳动社会保障出版社，2016
全国中等职业技术学校饭店服务专业教材
ISBN 978-7-5167-2481-1

Ⅰ. ①康…　Ⅱ. ①刘…　Ⅲ. ①文娱活动－商业服务－中等专业学校－教材
Ⅳ. ①F719.5

中国版本图书馆CIP数据核字（2016）第140297号

中国劳动社会保障出版社出版发行
（北京市惠新东街 1 号　邮政编码：100029）

*

三河市华骏印务包装有限公司印刷装订　　新华书店经销
787 毫米 ×1092 毫米　16 开本　10.75 印张　185 千字
2016 年 6 月第 3 版　　2024 年 1 月第 7 次印刷
定价：21.00 元

营销中心电话：400-606-6496
出版社网址：http://www.class.com.cn
http://jg.class.com.cn

Preface 前　言

全国中等职业技术学校饭店服务专业教材自出版至今已有二十年，在此期间，我们密切关注行业的发展以及职业学校教学需求的变化，先后对教材进行了两次修订和增补开发，使得教材内容不断更新，体系逐步完善。

在新一轮的教材修订工作中，我们收集饭店企业对于技能型人才的具体要求以及学校使用教材的反馈意见，组织骨干教师与行业、企业的专家进行充分研讨，确定重点做好以下几方面工作：

◆更新教材内容　根据饭店企业的发展变化，补充有关饭店管理的最新理念，以及在线预订、智能系统等互联网时代出现的新方法、新技术，更新与饭店及旅游相关的人文信息，使教材内容更加具有前瞻性。进一步加大技能训练的比重，在前厅服务、客房服务、餐厅服务、康乐服务等主要技能课教材中，更多地加入实践案例和操作指导，有助于学校开展一体化教学。同时，将职业道德、服务意识、礼仪规范等有机融入到教学内容、课堂问答、课后训练等各环节中，以加强对学生职业素质的培养。

◆提升教材表现力　通过设置“案例分析”“知识链接”“服务提示”等不同栏目，增加教材的亲和力，激发学生的学习兴趣。同时，尽可能多地以图表代替冗长的文字叙述，使教材更加生动直观，易于学习。

◆加强立体化资源建设　将习题册修订与教材修订同步进行，同时补充开发配套的电子课件。习题册答案及电子课件可登陆 www.class.com.cn，搜索相应的书目，在相关资源中下载。

本套教材的编写得到了有关省市人力资源和社会保障部门以及一批中等职业技术学校的大力支持，教材的编审人员做了大量的工作，在此，我们表示衷心的感谢！同时，恳切希望广大读者对教材提出宝贵的意见和建议。

人力资源社会保障部教材办公室

Contents 目录

第一章 认知康乐

进行康乐活动以获得身心愉悦是人类自古就具有的天然需求。随着社会的进步和经济的发展，现代人越来越认识到康乐活动的重要性，也越来越愿意在康乐活动上做快乐投资，完善和提高生活质量。饭店的康乐部是随着康乐行业的快速发展而出现的饭店经营部门，并且逐渐成为现代人追求生活享受、得到康乐感受和追求康乐享受的场所。

学习目标

☆了解康乐活动的起源和发展过程。

☆理解康乐活动的定义，掌握康乐活动的分类。

☆了解康乐行业的发展现状和发展前景。

☆明确康乐部在饭店中的地位和作用。

☆运用康乐项目的设置原则和依据，分析饭店中康乐项目设置的情况。

第一节　康乐活动概述

康乐行业是随着社会经济的发展而产生和发展的，自从人类社会产生以来，人类就有了康乐需求和康乐活动，只不过在不同时期，康乐需求和康乐活动的表现形式不同。目前，在欧美、日本等经济发达国家，康乐业的发展已经比较成熟，而在我国，则处于迅速发展中。

一、康乐活动的起源和发展

康乐活动是人类文化的重要组成部分，伴随着人类社会生产和生活的发展而产生，这一点可以从许多历史遗迹和古籍中得到印证。无论中外，自从有了人类就有了各种不种类型的康乐活动，只是各个历史阶段人类对康乐活动的需求不同，表现形式不一而已。

原始社会中，人类的走、跑、跳跃、攀登和投掷等活动，以及部落之间由于战争频繁而产生的带有鼓动和操练性质的军事舞蹈等，都是康乐活动的萌芽。我国广西花山地区和云南沧源地区的岩画中就有许多舞蹈形象，据考证，这些岩画已有几千年的历史，反映的就是当时社会中最原始的康乐活动。大型歌舞表演《云南映象》中的舞蹈动作就是根据我国少数民族地区的原始康乐活动改编而成。到了封建社会，大量满足统治阶级和大众需求的文娱活动开始出现，达官贵人们的斗蟋蟀和斗鸡游戏是康乐活动走向多元化发展的里程碑。小说《水浒传》中就有许多关于康乐活动的精彩描写，其中描写高俅踢球时提到的名为“蹴鞠”的运动（见图 1—1），就是现代足球运动的雏形。

图 1—1　蹴鞠运动

在国外，康乐活动出现得也很早。澳大利亚北部的卡卡杜国家公园悬崖以享有盛名的岩石壁画而著称，已经发现的岩石壁画大约 7 000

处，这些岩石壁画是由当地土著的祖先用猎物的鲜血和着不同颜色的矿物质涂抹而成。山洞内的壁画、石雕和考古遗址反映了该地区从史前的狩猎者和原始部落到仍居住在那里的土著居民的技能和生活方式。画中人物多处于一种舞蹈姿态，或曲身或跳跃的劲舞姿势和许多康乐活动的画面反映了土著居民对生活的热爱。

大量实例证明，康乐活动有着悠久的历史。在过去，人们仅仅把康乐活动作为茶余饭后的一般消遣，没有进行过系统、科学的探讨。进入工业社会以后，人们需要在工作之余选择一定的方式进行身心平衡，开始把康乐活动作为专门的学科进行比较系统的研究和开发。17 世纪 60 年代，英国许多地区已广泛开展游泳活动，1828 年英国在利物浦乔治码头修建了第一个室内游泳池。

到了近代，整个社会的经济、科学、文化、交通、旅游等各方面都有了长足发展。随着生活节奏的加快和工作压力的增大，人们逐渐认识到康乐活动对提高生活质量和促进经济发展的重要性，在欧美等一些发达国家，休假制度的变革更进一步推进了康乐行业的发展，康乐文化现象日益普及。在有些国家和地区，康乐业甚至已成为当地经济发展的支柱产业，形成了较为发达的康乐经济。

二、康乐活动的定义和分类

1．康乐活动的定义

“康乐”的含义从字面上理解，即为健身和娱乐，是指人们为了达到调节身心、恢复体力、振作精神和扩大社会交往的目的，在闲暇时间，利用一定的场地、设施设备进行的休闲性和消遣性的活动。

对于消费者来说，康乐活动必须同时具备三个基本条件：

第一，康乐活动一般是在人们工作之余，即闲暇时间进行的，它是一种非职业性的休闲、消遣活动。随着社会生产力的提高，人们的劳作时间不断缩短，可自由支配的闲暇时间越来越多，为人们进行康乐休闲活动提供了必要的时间保证。

第二，康乐活动必须以一定的场地、设施设备为基础，通过相应的活动达到怡情、健身、娱乐的目的。例如，打高尔夫球需要高尔夫球场、高尔夫球杆、高尔夫球等相关场地和工具。

第三，康乐活动是以一定的康乐技能为基础，因此消费者必须掌握一定的康乐基本知识和基本技能，才可以自如地应付在康乐场所进行的各类康乐活动和社会交往活动。

2. 康乐活动的分类

根据康乐活动的内容不同，可以将康乐活动分为康体健身项目、娱乐休闲项目和养生保健项目三类，见表1—1。

表1—1 康乐项目的类型

康乐项目类型	项目举例
康体健身项目	保龄球、台球、高尔夫球、沙狐球、网球、壁球、健身、游泳、乒乓球、有氧操、攀岩、滑雪、冲浪……
娱乐休闲项目	卡拉OK、电子游戏、跳舞、看电影、棋牌、采摘、垂钓、卡丁车……
养生保健项目	桑拿浴、保健按摩、美容美发、足疗、温泉SPA……

（1）康体健身项目

康体健身项目是指参与者借助一定的运动设备、设施和场所，通过主动参与活动，在愉快的气氛中促进身心健康的活动项目。康体健身项目通常以一些运动场所和高科技的运动器材为载体，以普遍参与者的身体承受程度为限，运动的娱乐性和趣味性较强，富有挑战性。参与者在参与这一类康乐活动时，一般都比较紧张，然而在紧张的竞争之后，可以达到健身康体、放松压力和心情愉悦的目的。

康体健身项目的主要特点有以下几个方面：

1）运动设施、设备和场所是经营的基础。康体健身项目的核心是为顾客提供康体健身所需的运动设施、设备和场所，因此高质量、高规格的运动设施、设备和场所不仅可以招徕顾客并为之提供优质服务，还可以降低设施、设备故障率，减少维修费用。

2）配套服务是经营的保障。康体健身项目通常需要一些配套服务作为支撑，比如休息室服务、水吧服务、洗浴服务和餐厅服务等配套服务。这些配套服务设施的存在，能为顾客提供良好、舒适的康体健身环境，把康体健身作为一种享受。

3）运动技能指导服务是经营的辅助。康体健身活动大多属于专业技能要求和操作规范要求较高的项目，顾客或多或少需要一些技术性的指导，尤其是一些操作比较复杂的健身器材，需要服务人员讲解使用方法，对于运动技巧比较生疏的顾客，也需要服务人员介绍动作要领和注意事项。这些运动技能指导服务可以提高顾客兴趣，增加顾客的参与度。

（2）娱乐休闲项目

娱乐休闲项目是指参与者通过一定的设施、设备和服务，在参与过程中得到精神满足的康乐活动。娱乐休闲项目可以使参与者得到精神和情趣上的满足，达到放松心情和减轻疲劳的目的。康体健身项目多由体育运动项目转化而来，娱乐休闲项目则多以娱乐功能为主。

娱乐休闲项目的主要特点有以下几个方面：

1）环境和氛围是经营的基础。娱乐休闲项目吸引顾客的主要因素是环境和氛围。内容丰富、品位较高的娱乐休闲项目和洁净高雅的娱乐休闲场所不仅能使顾客产生愉快的心情，还会使顾客产生宾至如归的感觉，增加顾客的回头率。

2）自娱自乐是主要的活动形式。很多娱乐休闲项目要求顾客主动参与，自我表现，达到娱乐的目的。另外，由于现代人生活压力较大，工作节奏快，很多顾客希望通过自娱自乐的娱乐休闲项目达到心理或精神上的放松。

3）室外娱乐休闲项目越来越受到欢迎。室外娱乐休闲项目是指顾客借助室外娱乐设施，体验和感受各种日常生活中很少经历的刺激和愉快，消除疲劳、忘却烦恼。种类繁多的主题公园、游乐园、嘉年华中的卡丁车、过山车、蹦极等活动项目都属于此类，这些项目可以使参与者在室外更好地放松自己，因而近年来受到越来越多人的喜爱。

（3）养生保健项目

养生保健项目是指通过提供相应的设备、设施或服务作用于人体，使参与者达到放松肌肉、促进循环、消除疲劳、恢复体力、养护皮肤、改善容颜等目的的康乐活动。在一般情况下，参与养生保健项目的人们大多是为了追求高层面的精神享受。

养生保健项目的主要特点有以下几个方面：

1）专业人员是养生保健项目服务的基础。养生保健项目如按摩、足疗、美容美发等都需要服务人员对参与者进行服务才能完成，因此，养生保健项目的服务人员必须经过专业训练并取得相应的资格证书才能提供服务。专业人员的水平高低不仅关系到养生保健服务质量的好坏，而且直接影响养生保健项目经营的效果。

2）卫生是养生保健项目服务的保证。卫生对于养生保健项目尤为重要，无论是顾客用品还是服务设施都要经过严格消毒，必要时要使用一次性的用具，同时，服务人员也要做好个人卫生，给顾客提供一个整洁、舒适、放心的养生保健环境。

3）顾客安全是养生保健项目服务的重点。无论是桑拿、按摩、美容美发还是护肤 SPA，服务人员都应该把顾客的安全放在首位。在服务过程中，由于操作失误或因养生保健设施故障而对顾客造成伤害，不仅会给参与者造成很大的身心痛苦，更会给康乐部门甚至整个饭店带来重大的经济和声誉损失。

三、我国康乐业的发展现状

康乐活动的发展具有明显的时代性特点，我国的现代康乐经营是在改革开放以后开始兴起的，虽然发展水平与国际先进水平还有一定的差距，但这种差距无疑正在迅速缩小。可以肯定地说，我国康乐业正在突飞猛进地发展，必将迎来一个崭新的时代。

1．参与康乐活动的人数越来越多

我国经济近些年来一直保持较快的发展速度，国民收入增长也很快，这就意味着人们有越来越多的资金用于康乐消费，越来越多的人希望在闲暇时参与一些有益于身心健康的康乐活动。

康乐项目需求的扩大带动了康乐从业人员的增加，促进了社会就业。同时，培养康乐服务与管理类专业人才的院校也不断增多，为康乐业扩大经营输送了大量人才。

2．康乐经营场所和经营主体大幅增加

现代康乐活动刚出现在我国时，康乐项目主要由高级饭店、度假村经营。近年来，由于人们康乐需求的增多，越来越多的企业成立了专营康乐项目的机构或部门，并且出现了一些大规模的综合性康乐企业。

我国的康乐业出现了百舸争流的局面，例如，20 年前保龄球在我国还是一个新兴的项目，当时全国的保龄球馆合计才 100 多条球道，而现今据不完全统计，全国已有两万多条球道投入营业。从 2003 年到 2013 年，全国高尔夫球场数量已经从不到 200 个增长到 500 多个。

3．康乐活动项目与设备不断出新

桑拿、健身、戏水等康乐项目，近年来在我国也获得了较快的发展。国际上先进的日光浴、蒸汽浴、药物按摩等洗浴及相关项目逐渐普及，并且衍生出集桑拿、洗浴、养生、美容和保健于一体的新型洗浴项目，如温泉 SPA、香薰按摩、精油疗养、经络养生等。近年来，富于刺激的赛车、摩托艇运动和运用现代电子设备的遥控模型俱乐部也在中国逐步兴起。

4．康乐经营管理与服务水平还有待提升

我国康乐行业的经营和管理，相比于国际先进水平还处于起步阶段，尚未步入正轨，服务水平较低，部分经营和管理人员对康乐项目的专业知识和康乐活动的特性还缺乏了解；部分管理者的思想不够开放，经营理念较为落后；部分康乐服务人员缺乏专业的康乐技能和服务技巧培训，在服务质量方面还有待提升。

另外，我国康乐经营者还存在着投资前期市场调查不充分、不了解顾客消费需求等问题，导致了康乐经营决策的盲目性，造成了康乐设施、服务方式千篇一律，服务项目不配套，服务质量不高的现状。

四、我国康乐业的发展前景

1．康乐项目向高文化品位、高层次方向发展

从某种程度来说，康乐活动是一种由低层次向高层次发展，以一定经济条件为基础，追求文化品位的活动。随着文化教育的发展，全民素质的提高，人们文化消费的需求必将日益增长，人们的消费习惯、消费层次、消费心理将会产生很大的变化。因此，康乐项目的设置必须具备趣味性和知识性，还要不断提高康乐项目的文化品位。

2．康乐设备的科技含量将不断增加

科学技术的进步为康乐项目设施设备的现代化提供了技术保障，康乐设备的科技含量会越来越高，其性能也越来越先进。例如，室内高尔夫球场场景的投射从原来的幻灯机到现在的高清投影机，把原来仿真效果很差的投影效果变成了现在经过计算机三维模型处理得到的高清画面，另有三个感应器可以测出球的飞行角度和速度，从而得出球的落地情况，这些都能给体验者更加真实的模拟感受。

3．康乐项目内容更加丰富多彩

现代声光设备、音响设备、健身设备的不断发展，导致新颖的康乐项目不断涌现。康乐经营的内容和项目内涵将更加丰富，健身、休闲和娱乐相结合的综合性康乐项目会越来越多。传统康乐项目、地方特色与现代科技相结合的综合性康乐经营项目将成为中国康乐业发展的主要方向。

4．康乐服务和管理水平将会明显提高

康乐业的不断发展带来的是康乐服务由不规范向比较规范转化，康乐管理开始由经验管理型向科学管理型的方向发展。其主要表现有以下几点：

（1）中等职业学校和高等职业院校开始设置康乐服务和管理培训班。

（2）康乐服务和管理领域的专业著作与教材不断出版，使康乐管理趋于规范化和系统化。

（3）康乐经营的相关政策法规正在不断完善，为经营者合法经营明确了发展方向。

第二节　饭店中的康乐部

一、康乐部在饭店中的地位和作用

随着人们消费观念的改变和康乐需求的加大，入住饭店不再是只有简单的食宿要求。同时，作为高级饭店重要客源的商务人士等习惯于日常的体育运动和锻炼，这些顾客在下榻饭店时必然要求饭店具备各种健身和娱乐设施。因此，康乐部已成为饭店经营中不可缺少的重要业务部门，其在饭店中的作用主要体现在以下几个方面。

1．康乐部是旅游饭店等级的重要标志

饭店等级对饭店经营中的市场定位有很重要的影响，饭店等级是招徕客源的重要条件，是制定价格的重要依据。按照旅游饭店星级评定规格与标准，康乐部是三星级以上旅游饭店不可缺少的先决条件。

2．康乐部是饭店营业收入的重要来源

现代人追求健康、休闲、享受的精神动力是巨大的，只要康乐部积极研发出休闲、度假的特色康乐项目，就能为饭店吸引客源，延长顾客停留时间，创造出更多的经济效益。

3．康乐部是饭店特色经营的体现

饭店实施差异化经营战略，关键在于推出不同于竞争对手的特色产品，为顾客创造更多的价值。康乐项目正是饭店彰显个性、突出风格、体现饭店文化性和独特性的重要载体，有利于形成具有特色的饭店品牌，并最终赢得市场的认可。例如，北京前门饭店1990年10月与北京京剧院联合创立的梨园剧场（见图1—2），是京城首家茶座式剧场，很快就以展示以京剧

图1—2　北京前门饭店梨园剧场

为特色的中国传统文化形象而闻名海外。

4．康乐部是饭店与顾客联系的纽带

在饭店传统的业务部门中，服务人员与顾客联络是有固定时间和要求的，如客房服务。而在康乐部中，康乐项目需要由服务人员不断提供陪练、安全保障等服务，成为饭店与顾客联系的纽带。

二、康乐部服务项目设置的原则和依据

在康乐部服务项目的设置和选择上，无论饭店类型如何，都要从市场需求角度出发，将饭店所需的康乐功能进行合理、准确的定位，使饭店康乐服务项目符合时代发展的趋势。康乐部在具体设置康乐部服务项目时可以从以下几方面考虑：

1．符合经济效益和社会效益

饭店设置康乐部的根本目的是提高饭店自身的经济效益，因此设置时应首先考虑该项目的赢利能力。康乐项目的经济效益可以从两个方面衡量，一是项目单独收费的直接经济收入，二是该项目给客房部或餐饮部带来的间接经济收入。经济效益良好、能够提高客房出租率和餐饮上座率的康乐项目是饭店康乐部的首选。

当然，单纯符合经济效益而不顾社会效益的项目，如赌博等，即使经济效益再好，也不能设置。尤其是提倡精神文明建设的现代社会，饭店应通过设置合适的康乐项目，响应国家提倡健康娱乐的号召，满足群众对康乐活动的需求，为树立良好的社会风气做出贡献。

2．符合旅游饭店星级等级评定标准

2010年国家旅游局颁布了新版国家标准《旅游饭店星级的划分与评定》（GB/T 14308—2010），其中对星级饭店康乐设施的标准提出了明确要求：三星级以上饭店的康乐设施是必备检查项目，对于康乐项目设置水平、设施设备先进程度及康乐环境卫生条件不达标的饭店，不给予相应等级的星级认定。由此可见，饭店康乐部服务项目的设置还应该符合国家标准的规定。

3．符合饭店资金能力和接待能力

在实际竞争中，饭店为了保证特色或吸引客源，康乐部的设置往往都高于国家规定水平。但是，饭店康乐部服务项目的选择不能盲目追求豪华和舒适，还要考虑饭店自身的资金能力和接待能力，应因地、因店、因时不同而有所不同。

4．符合康乐流行趋势和消费需求

部分饭店经营者因为对康乐经营不重视，在项目选择上往往不认真研究，市场上流行什么就设置什么，更没有考虑产品的生命周期，因此出现了各家饭店康乐项目内容雷同且流行一时的情况，人为造成了饭店康乐经营的困难和资

金的浪费。

饭店康乐部想要在竞争中取胜，除了要考虑康乐项目的流行趋势，还要考虑顾客的消费需求。例如，在高寒地区度假酒店设立高山滑雪项目，在城市商务酒店增加氧吧等。

知识链接

五星级饭店里的乒乓球室

广州白云宾馆1976年6月1日正式开业，投资2 000万元人民币的白云宾馆高120米，共34层（包括地下室一层），拥有客房718间，为当时中国的第一高楼。广州白云宾馆在筹建康乐中心时，便将乒乓球作为一项康体健身项目进行布局和建设，这在当时全国五星级饭店中还比较少见。康体健身项目种类繁多，为何广州白云宾馆独钟情于乒乓球呢？

答案要从广州人民的特殊爱好讲起。广东人爱喝早茶，注重养生，健身已经成为基本的生活习惯。在广州，体育场馆和配套设施成为楼盘的卖点，广州人说“请人吃饭不如请人流汗”。在诸多体育项目中，乒乓球以其灵活、老少皆宜的运动形式深受广州人喜爱，乒乓球室在社区和街道中随处可见，全民健身性质的社区乒乓球比赛在群众中最受欢迎。

正因如此，白云宾馆在设置康乐项目时，敢于突破传统，从广州顾客的消费需求出发，大胆设置具有广泛群众基础的康乐项目——乒乓球，取得了非常优异的经营效果。在它的带动下，广州很多五星级饭店都将乒乓球设置为康乐中心的必备项目，树立了行业新风。

三、康乐部的主要任务

现代人生活压力大，很多人在身体或心理上都存在着亚健康状态，健康和快乐更显得尤为可贵。康乐部的任务就是为了满足现代人的健康标准而制定的，具体表现为以下几点：

1．满足顾客强身健体的需求

体育锻炼有一般运动与专项运动之分。一般运动指活动筋骨、做操、跑步等，专项运动指举重、骑自行车、球类运动等。在康乐部中开辟健身房、游泳池、网球场、高尔夫球场等设施齐全的场所，可以满足顾客强身健体的需求。

2．满足顾客的健美需求

健美是现代文明的要求，它表现为体形健美、脸形健美、发型健美三类。其中，体形健美可以在康乐部的健身房中得以实现，脸形健美和发型健美可以通过康乐部的洗浴按摩和美容美发项目实现。

3．满足顾客的娱乐需要

顾客在饭店除了住宿和就餐外，还希望得到娱乐享受。因此，康乐部的任务之一就是为顾客提供丰富多彩的娱乐服务，陶冶顾客情操，给顾客带来轻松和快乐。

4．做好康乐项目的卫生工作

康乐场所客流量大，设施、器械使用频繁，清洁卫生工作十分重要。保证康乐场所和设施、器械的洁净卫生，不但会给顾客带来愉快的心情，而且也给顾客带来宾至如归的感受。

康乐部的美容室是卫生要求极高的部门。所有的美容设备、美容物品都直接与客人的面部、头部接触，卫生要求十分严格，所有的美容物品、化妆品都要符合卫生标准，毛巾等用具还要经过高温消毒处理。

5．做好安全保障工作

大部分康乐设施和运动器械具有一定危险性，而且易于损坏。所以，康乐部工作人员每天必须在顾客使用之前，对康乐设施、运动器械、场地进行安全保养，消除安全隐患。满足顾客的安全需求，为顾客提供一个既安全而又舒适的康乐休闲环境，是康乐部的基本任务之一。

6．为顾客提供指导性服务

康乐部的康乐设施设备种类较多，有些操作比较复杂的体育器材，需要服务人员提供正确、耐心的指导性服务，确保顾客能正确使用。此外，一些运动项目（如网球、高尔夫球）的技术性很强，规则复杂，也需要康乐服务人员向不熟悉该项运动的顾客提供技术上或规则上的指导服务，以满足他们在掌握运动技能和技巧方面的需求。

思考与练习

1. 什么是康乐活动？请举例说明康乐活动的分类。
2. 目前我国康乐业的发展现状如何？
3. 我国康乐业的发展前景体现在哪些方面？
4. 康乐部在饭店中的地位和作用如何？
5. 康乐部在设置康乐项目时应该考虑哪些内容？
6. 康乐部的主要任务是什么？

第二章 康乐部组织结构

康乐活动的发展促进了饭店康乐部的产生和壮大，虽然根据其发展水平，不同饭店的康乐部在类型、规模和组织结构上各不相同，但是各康乐部组织机构的设置原则和设计方法是基本一致的。通过对康乐部组织结构的合理设置，确保康乐部的组织结构与康乐部运营甚至整个饭店的运营相适应，才能保障康乐部的健康发展。

学习目标

☆理解康乐部组织结构的设置原则。

☆掌握不同类型康乐部的组织结构构成。

☆了解饭店康乐部与其他部门的关系。

☆明确康乐部经理及其他员工的工作职责。

☆了解康乐部员工的素质要求。

第一节　康乐部的组织构成

康乐部的组织结构是指按照一定的目的、任务和形式加以编制而形成的康乐部经营管理系统。康乐部组织结构的作用是运用适当的管理方法和技术手段，发挥康乐部组织中各种人员的作用，把投入到饭店或康乐企业中的有限资金、物资和信息资源转化为可供出售的康乐产品。

一、康乐部组织结构的设置原则

1．垂直统一领导原则

垂直统一领导原则也叫统一指挥原则、链形指挥原则。其核心是要求每位员工只有一名领导，只对一位管理者负责，同时管理者不应越级指挥下属和处理基层问题。例如，健身房服务员只受命于健身房领班的指挥，而健身房领班只服从于健身房主管或健身房项目经理的工作安排，一般情况下，健身房主管或健身房项目经理不直接领导健身房服务员，否则健身房服务员的工作无从做起，分不清究竟谁是他们的直接领导，同时也降低了管理者的威信。

2．限制管理幅度原则

垂直领导的原则必然产生管理层级，而管理层级过多则不利于任务命令的传达和突发事件的处理，因此要求在同一级的管理层中存在一个管理幅度，比如某一个人同时负责几件事情，同时领导几名员工。考虑到人的精力是有限的，所以在设计组织机构时，还要对每一级管理者的下辖部门数量进行限制。由于管理层次和管理幅度存在着相关性，因此康乐部组织机构的设计应遵循“适度”的原则，实现管理工作质量与效率的完美结合。

3．适合经营任务需要的原则

康乐部设置组织结构的主要目的是为康乐部经营服务，因此一定要按照经营业务所需进行设置。一般高星级饭店都是通过综合考虑项目分值、投资项目费用和投资回报率来决定饭店康乐部的业务项目，因此可根据业务具体的经营状况进行组织结构设置。如康乐项目较少时，可以将康乐部隶属于客房部或餐饮部进行管理，康乐部中的类似项目如美容和美发、桑拿和保健等可以进行合并管理。

4．适合决策执行机构管理能力和环境需要的原则

康乐服务项目品种较多，在服务方式、计价方式、服务环境、服务性质方面存在较大差别，因此可根据康体健身项目、娱乐休闲项目、养生保健项目进行划分，采取分散化决策为主、集中化决策为辅的原则进行组织结构设置。一般情况下，一个管理人员的管理事项不应该超过8项，以3～6项为宜，过多的管理事项超过了决策执行机构的管理能力，会影响康乐部的运营效率。另外，还要避免机构繁冗，要因事设岗，而不是因人设岗。

二、康乐部的组织结构模式

康乐部作为饭店的业务部门，其组织结构的设置与其他业务部门大致相同，都是根据饭店的档次、规模、服务项目和经营管理的要求而设置，只是不同的饭店在设置组织结构时有不同的做法。

1．欧美模式

欧美模式适合于康乐项目较多的饭店。在这种模式中，康乐部作为一个独立的服务部门，与饭店的各大部门并列，有着同等重要的地位和作用。其组织结构模式如图2—1所示。

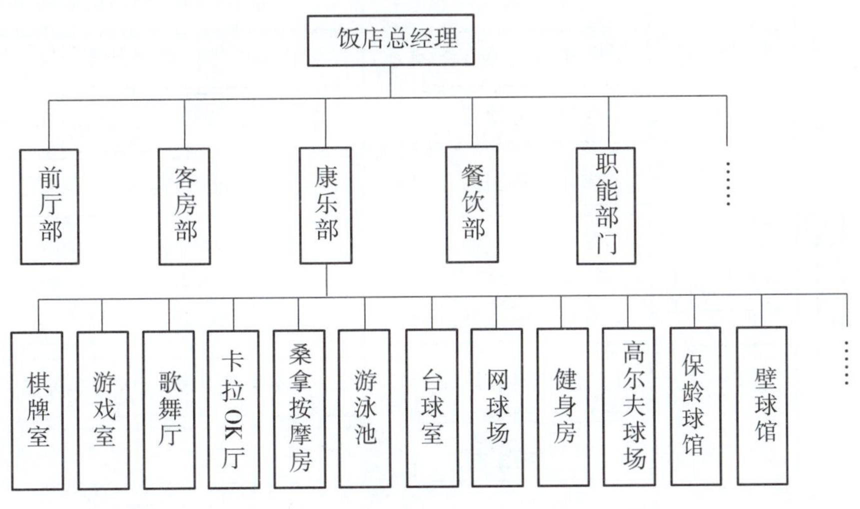

图2—1　康乐部的组织结构（欧美模式）

2．亚洲模式

亚洲模式比较适合于康乐项目较少的饭店，在这种模式中，康乐部隶属于饭店的某一服务部门，比如餐饮部，或其他某一相关部门。下面以康乐部隶属于餐饮部为例，其组织结构模式如图2—2所示。

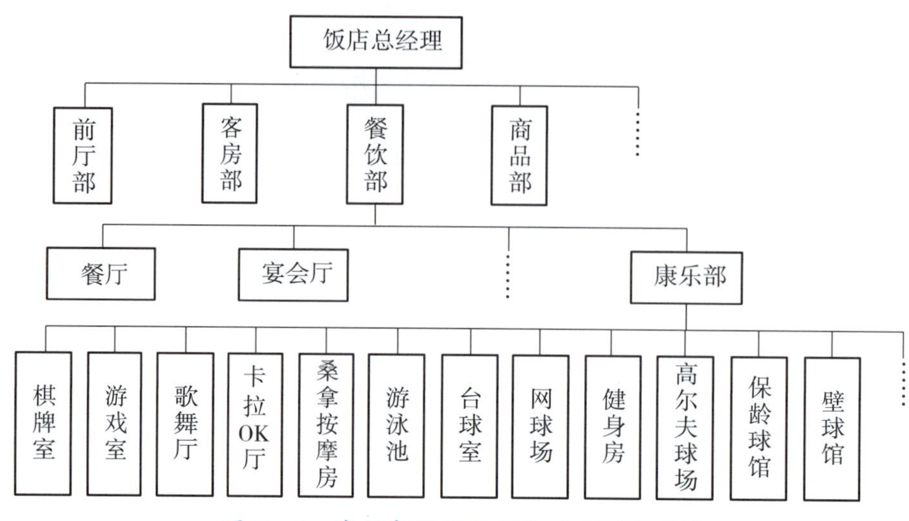

图 2—2　康乐部的组织结构（亚洲模式）

3. 按康乐项目设置的组织模式

这种组织结构是根据饭店的康乐项目设立相应的组织部门和岗位。一般可分为康体健身项目、娱乐休闲项目和养生保健项目三大类。其组织结构模式如图 2—3 所示。

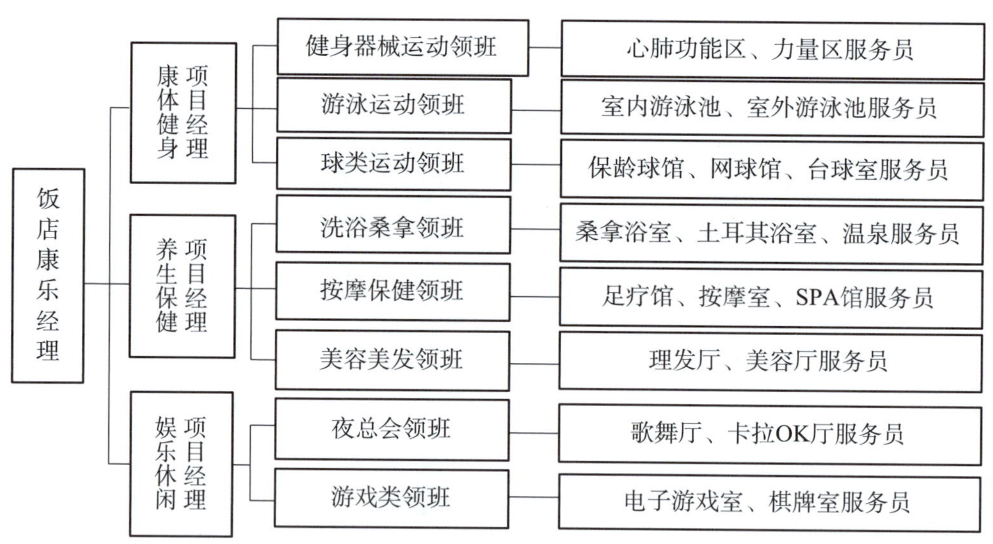

图 2—3　康乐部的组织结构（按项目设置模式）

三、康乐部与其他部门的配合

康乐部的工作不是孤立的，是饭店对顾客整体服务过程中的一个环节。这就要求康乐部必须与其他部门建立良好的沟通和合作关系，才能更好地完成康乐部的任务，提高饭店的美誉度，确保饭店服务全过程和全方位的“零缺陷”。

1．与前厅部、客房部的配合

前厅部、客房部的服务人员应主动向顾客介绍康乐部的服务项目，做好康乐项目的推介、预订工作，注意收集顾客对康乐服务的需求信息、服务意见并及时向康乐部反馈。

康乐部服务人员应及时做好在前厅部、客房部预订的顾客的接待工作，及时将本部门最新服务信息告知前厅部与客房部，以便前厅部与客房部的员工做好康乐服务项目的推介工作。

2．与餐饮部的配合

餐饮部应及时为健身娱乐的顾客提供水果、点心及送餐等服务。餐饮部员工还可在顾客用餐时，推荐本饭店的康乐服务项目，发放相关的资料和优惠卡。

康乐部应将本部门最新的服务信息及时通知餐饮部，以便餐饮部的服务人员解答顾客的咨询和向顾客推介康乐服务项目。当然，在顾客娱乐时，康乐部的服务人员也应注意适时地向顾客介绍餐饮部的服务项目、用餐时间及地点。

3．与销售部的配合

销售部应利用各种机会与场合，宣传康乐部的设施及服务项目，在推销饭店住宿、餐饮产品时，可同时推销康乐部的服务项目。

4．与采购部的配合

康乐部所需用品均由采购部负责采供。康乐部应明确采购物品的规格、质量、数量，经核准后，由采购部负责办理。采购部应提供市场的供应信息，以便于康乐部提出申购计划。因此，两个部门之间要相互传递信息，力求以最低价格购入适应顾客需求的物品。

5．与工程部的配合

康乐部的设施设备发生故障，应立即向工程部报告，同时，要积极配合工程部对康乐设施设备进行定期维护与保养，并提供客情预报，以便工程部对某些设施设备适时进行大修。

工程部应对康乐部服务人员进行设施设备保养知识的培训，及时处理康乐部设施设备的故障，保证康乐部的正常运营。

6．与洗衣部的配合

康乐部每日负责将须洗涤的工作装等物品送往洗衣部。洗衣部应按时完成清洗工作。

7．与保安部的配合

康乐部应积极协助保安部对公共区域及各营业场所进行安全检查，做好防火防盗等工作，协助保安部做好顾客遗失物品处理工作和突发事件的应急处理工作。

保安部负责对康乐部服务人员进行培训，讲授消防及安全保卫知识，督促康乐部服务人员执行饭店的相关安全规定。

8．与人力资源部的配合

康乐部应协助人力资源部做好员工的招聘、培训和使用工作。为此，康乐部应向人力资源部提供所需人员的数量和要求等信息，以及员工的培训需求，积极支持和落实人力资源部的各项培训计划。

9．与财务部的配合

康乐部要协助财务部各收款点做好各营业点账单的核对、固定资产的清点，以及员工薪金的发放工作；同样，财务部也要配合康乐部做好物料用品的盘点工作和康乐部的预算、决算工作。

第二节　康乐部员工的岗位职责

根据《中华人民共和国职业分类大典》的规定：在健身和娱乐场所为顾客提供综合服务的人员，统称为康乐服务人员。康乐服务人员负责的主要工作内容包括：办理健身和娱乐服务项目的预订；迎送顾客，介绍设施、器材的使用方法，进行一般技术指导；对游泳池、健身房、保龄球馆等康乐场所进行日常管理，处理救生、器械伤害等意外事故；保持康乐场所卫生、舒适；为顾客提供酒水、饮料；结账收费；进行公关销售与日常管理。

康乐服务人员包括管理人员和基层服务人员，岗位分配根据饭店或其康乐部的规模大小进行设置，具体岗位职责如下：

一、管理人员岗位设置及岗位职责

1．部门经理的岗位职责

康乐部经理是整个康乐部的主要领导者，是康乐部日常营业和管理的主要负责人，具体岗位职责包括：

（1）接受总经理的督导，直接向总经理负责，贯彻饭店各项规章制度和总经理的工作指令，全面负责康乐部的经营和管理。

（2）根据饭店规章制度和康乐项目设置的具体情况，提出部门管理制度和主管、领班的具体工作任务、管理职责、工作标准，并监督实施，保证部门各项管理工作的协调配合和各项康乐设施的正常运营。

（3）分析所设康乐项目的顾客需求、营业结构、消费状况和发展趋势，研究并提出部门收入与成本控制等预算指标，报总经理审批，纳入酒店预算后，分解落实到各个康乐项目，并组织各级主管和领班完成预算指标。

（4）研究审核各康乐项目的服务程序、质量标准、操作规程，并检查各级管理服务人员的贯彻实施状况，随时分析存在的问题，及时提出改进措施，不断提高服务质量。

（5）根据市场和顾客需求变化，研究并提出康乐项目经营方式、营业时间、产品和收费标准等的调整方案。配合销售部和商品部组织网球比赛、壁球比赛、保龄球比赛等销售活动，适应顾客消费需求变化，提高设施利用率和销售水平。

（6）审核和签发康乐项目主管的物品采购、物品领用、费用开支单据，按部门预算控制成本开支，提高经济效益。

（7）做好康乐项目主管、领班的工作考核，随时指导工作，调动各级人员积极性。随时巡视检查，保证康乐部各项目管理和服务工作的协调发展。

（8）制定康乐部门人员编制，安排员工培训。根据业务需要，合理组织和调配人员，提高工作效率。

（9）随时征求、收集顾客意见，处理顾客投诉，并分析康乐部服务质量管理中带倾向性的问题，适时提出改进措施。

（10）搞好康乐部和酒店各部门的协调配合，完成总经理交办的其他工作任务。

2．部门经理助理的岗位职责

康乐部经理助理是康乐部经理工作的主要协助者，具体岗位职责包括：

（1）执行康乐部经理所下达的工作任务，协助康乐部经理督导各主管做好工作。

（2）分析客源动向，积极拓展生意，为康乐部经理策划业务拓展提供意见。

（3）处理顾客投诉，尽量满足顾客的合理要求，维护饭店利益。遇到解决不了的问题及时报告经理。

（4）按营业需要协调各部门的人员调配。

（5）督促各部门主管做好每月的排班工作，确保营业正常。

（6）以《员工守则》为准则，督导各分部主管抓好劳动纪律。

（7）督导各岗位人员做好卫生清洁工作，为顾客提供一个良好的卫生环境。

（8）督导各分部主管注意防火、防盗，确保消除各种安全隐患。

（9）督导各岗位人员做好工程维修保养工作，保证营业能正常进行，减少机械故障和损耗，降低营业成本。

（10）督导各分部主管培训下属员工，提高服务素质，督导各分部主管做好营业用品的备货工作。

3．各分部主管的岗位职责

康乐部各分部主管也称为主任或部长，通常小型饭店不设置此岗位，没有设置主管的饭店或康乐部门，其岗位职责由领班代理。康乐部各分部主管的主要岗位职责包括：

（1）接受康乐部经理和经理助理的督导，负责康乐部日常管理工作。

（2）执行物品管理规定，在物品的领用上进行严格管理，控制用品消耗，分析存在问题，提出改进意见，保证预算指标的顺利完成。

（3）对所管辖区域的设备设施制订保养、维修计划，保证设备设施完好。

（4）对所管辖区域的日常营业情况及时进行统计和分析，定期向康乐部经理呈报。

（5）督导员工认真遵守工作纪律，提高服务质量，考核各康乐项目领班的工作，定期做出评价，解决存在的问题。

（6）在日常营业中处理顾客的投诉，尽量满足顾客的合理要求，出现特殊情况应请示康乐部经理及有关部门，以期协助解决。

（7）向上级提出对现有设备设施的利用和新开发项目的设想意见，审批后，做好人员、场地及接待活动的筹备工作。

（8）做好与其他部门的联系协调工作，了解市场信息，开拓客源，提高经济效益。

（9）负责各康乐设施项目员工培训，掌握饭店和康乐部的规章制度和工作程序。

4．各项目领班的岗位职责

（1）接受主管的督导，负责日常的接待与管理工作，完成主管分派的其他任务。

（2）负责本项目员工的考勤工作，检查规章制度的执行情况，根据员工服务质量的优劣，提出表扬或批评。

（3）检查督导本项目员工按照工作程序和标准为顾客提供优质服务，带领并督促员工做好各项工作。

（4）了解当日客情，必要时向员工详细布置当班的任务。

（5）检查营业所需储备用品的准备工作，确保按规格布置场地，保证高标准服务程序的顺利完成。

（6）营业开始时，参加并督促每一流程的服务，与有关班组、部门协调，保证服务的连贯性与有条不紊。

（7）接受顾客的投诉，尽最大努力给予重视并答复，遇到不能解决的问题及时报告主管。

（8）负责安排确认预订，亲自为 VIP 顾客服务。

（9）及时向有关部门汇报班组的财产、设备损坏及丢失情况，确保及时维修，使营业场所处于最佳状态。

（10）下班前为下一个班次布置好任务。

（11）核查账单，保证账物相符；与收银员核对报表，确保无误。

（12）负责培训新员工与实习生。

（13）当班工作结束后，详细记录交班时间。如有重要事件应做详尽记录，并在交班本上签名。

二、基层服务人员岗位设置及岗位职责

饭店康乐部的基层服务人员，一般包括各项目服务员、接待员、收银员、康乐部文员、仓库管理员等，具体岗位职责分别如下：

1．各项目服务员的岗位职责

（1）服从上级命令，遵守饭店和康乐部的各项规章制度。

（2）每日上岗前按岗位要求整理好自己的仪容仪表，检查自己着装是否规范。

（3）负责清洁本岗位所有的用具并摆放整齐，搞好营业场所的清洁卫生工作。

（4）准备好营业所需物品，补充所缺的用品，做好服务前的一切准备工作。

（5）熟悉各项营业内容，做好推销工作。

（6）熟悉所负责康乐项目的服务流程，了解其价格，掌握其服务方式。

（7）按康乐项目所规定的服务程序与规格，为顾客提供尽善尽美的服务。

（8）负责将各类用过的需集中处理的物品分类，送至指定的地点，并及时予以补充。

（9）负责做好收尾工作，清理当日垃圾，为下一班工作做好准备。

2．接待员的岗位职责

接待员又称咨客、迎宾员，其主要岗位职责如下：

（1）具备良好的外语对话能力，礼貌待客，热情主动，为顾客提供尽善尽

美的服务。

（2）负责顾客康乐活动的预订、接待及安排工作，并及时将顾客选择的活动项目通知有关岗位。

（3）熟悉各康乐项目设施情况、项目特点、所需物品等，耐心解答顾客提出的各种问题。

（4）严格把好验证关，并注意顾客的身体状况，严防醉客及某些疾病患者进入有关场所。

（5）负责门厅的清洁卫生，保证环境整洁美观。

（6）负责设备的报修工作。

（7）负责顾客遗留物品的登记、归还或上交工作。

（8）掌握各项管理规定和各岗位职责，主管不在的情况下代行其职。

3．收银员的岗位职责

（1）严格按照财务制度做好营业账款的收记清缴工作，保证账目清楚，各类款项不错收、不漏记。

（2）钻研业务知识，热情待客。收银快捷，认真核对所填写的服务项目价格，唱收唱付。

（3）负责收银台的安全和卫生工作，无关人员不得进入收银台，离开收银台要锁抽屉。

（4）密切与康乐部各分部的联系，了解和掌握康乐设施使用情况，准确及时登记。

（5）负责填制每天的营业日报表及每月的营业统计表，并上交有关部门。

4．文员的岗位职责

（1）负责康乐部办公室各类文书档案的管理工作，根据部门经营管理工作和接待服务工作的实际情况，按照康乐部经理的要求起草有关工作报告。

（2）收集、整理康乐部所设康乐项目的工作情况，统计各康乐项目的经营数据、用品消耗数据，拟定报表。

（3）做好会议记录，做好文件签发清单的审核和审核后的传达工作，提醒康乐部经理每日工作要点。

（4）汇总康乐部员工的考勤情况，统计康乐部员工福利款项发放情况等。

（5）负责做好康乐部内外的联系工作，接待和处理一般客户的来访。

（6）完成康乐部经理交办的其他工作。

5．仓库管理员的岗位职责

（1）对分管主管负责，做好康乐项目消耗品的入库、出库及保管工作。

（2）物料进库应填写“物料用品进库验收单”，仓库凭据记账，并送财务部一份，用以办理付款手续。

（3）保管好仓库的一切物品，做到账货相符。

（4）注意仓库的清洁卫生，保持物品分类码放、整齐美观。

（5）严格按“先进先出”的原则发货，严禁先出货后补办手续的错误做法。

（6）经常检查仓库物品，了解和掌握消耗、库存情况，防止浪费，减少费用支出。

（7）每月盘点物品，填好“库存月报表”，按时报送康乐部经理审批。

（8）提高警惕，切实做好防火、防盗工作，严禁外人进入仓库。

（9）密切与各营业场所的联系，及时掌握物品的需求情况。

（10）协助领导做好其他具体工作。

第三节　康乐部员工的素质要求

一、康乐服务的特点

康乐服务和饭店服务的特点具有许多共性，如热情好客、文明礼貌、耐心周到等，但由于职能的特殊性，康乐部还具有区别于其他部门的特点，具体表现为：

1. 从业人员专业技术性较强

康乐项目具有专业性强、技术要求高等特点，因此要求相关的从业人员必须熟练掌握其所负责的康乐设施设备的性能、结构和特点，还要求掌握相关康乐项目的规则、比赛方式等，甚至还要掌握娴熟的运动技能。

2. 保护服务工作要求较高

由于康乐项目具有很强的专业性，因此当一些康乐项目在顾客操作或使用不规范时，不仅不能给顾客带来康乐享受，反而对顾客的人身安全造成损害，这种情况下，康乐服务中的保护服务工作就显得尤为重要。例如，游泳池的救生员要时刻注意泳池的情况，防止发生溺水事件。

3．注重康乐设施设备的维护保养

饭店中引进的康乐项目，绝大多数都需要一定的设施设备来提供相应的康乐服务，小到棋牌室需要的棋牌、麻将和桌椅，大到高尔夫球场的草坪、树木和球洞。由于饭店在康乐项目场地、设施与设备上投资较大，因此，按规范对康乐设施设备进行定期、定时的精心维护和保养，是康乐服务工作中十分重要的一项内容。

4．服务的原则性和灵活性并存

康乐部的日常服务当中，经常会遇到一些较为特殊的服务案例，如在健身房中遇到不按规范进行运动的顾客等。遇到此类顾客，康乐服务人员既不可以迁就，又不可以强行拒绝和阻止。因此，在康乐部日常的服务培训工作中，要加强对康乐服务人员应变能力、语言技巧和处理突发事件能力的专项指导和训练，以保证康乐服务人员在坚持一定的原则下，能灵活地处理各种特殊情况。

知识链接

康乐服务人员的仪容仪表

一名合格的康乐服务人员，要做到：容貌端正，举止大方；端庄稳重，不卑不亢；态度和蔼，待人诚恳；服饰庄重，整洁挺拔；打扮得体，淡妆素抹；训练有素，言行恰当。康乐服务人员在基本的仪容仪表方面要做到以下几点：

1. 头发

头发梳理整洁，前不遮眉，后不过领。男性服务人员不得留鬓角；女性服务人员如留长发，应用统一样式发卡把头发盘起，不涂浓味发油，发型美观大方。

2. 面部

女性服务人员带妆上岗，但妆容清淡，不能浓妆艳抹，保持朴素优雅的外表，上班不佩戴项链、耳环等贵重饰物；男性服务人员坚持每天刮胡子。

3. 手部

指甲要经常修剪和清洁，服务前应将手洗干净，不留长指甲，不涂指甲油；除结婚戒指外，不宜佩戴戒指、手镯、手表及其他时髦饰品。

4. 服装

工作时要穿着工装和制服，并洗涤干净，熨烫平整，不能有褶皱和破损，纽扣要齐全扣好，不得卷起袖子；领带、领结系戴端正，并佩戴工号牌（戴在左胸前）；鞋袜整齐，工鞋干净，袜口不宜短于裤脚、裙摆（穿裙子时，要穿肉色丝袜）。

5．饮料销售是康乐服务的重要项目

康乐服务中，经常要向顾客销售饮料酒水。例如，大多数使用健身房的顾客经过一系列较为激烈、消耗体力的康体健身活动后都会感到口渴，此时康乐服务人员应根据顾客的实际需要，及时为顾客供应饮料，补充体力消耗。再如，歌舞厅里，酒水也是顾客进行交际活动和助兴的必需品。因此，饮料销售是康乐服务的重要项目。

二、康乐部管理人员的素质要求

1．文化水平和知识结构

康乐服务工作的专业性较强，因此，康乐部管理人员必须具有专科或同等学力以上的文化水平，熟练掌握一门外语，而且还要获得国家旅游主管部门颁发的部门经理岗位证书。

在知识结构方面，康乐部管理人员应熟悉桑拿、美容、电子游戏、形体锻炼、康乐设施和设备使用及保养的基础知识，音乐、体育活动专业知识，以及康乐市场销售与项目管理知识。

2．工作资历

康乐部管理人员应具有五年以上饭店管理和服务经验，其中至少应有两年以上的康乐部工作经验。

3．道德修养

康乐部为各种各样的顾客服务，经常会遇到不被顾客理解、发生沟通障碍等情况。为了饭店的长远利益，康乐部管理人员要时刻保持良好的心态，并且能够实事求是、正派廉洁、宽容大度、讲究信用，具有开拓意识和勇于创新的进取精神。

4．协调能力

饭店上下级或同事之间既有联系，又有矛盾。在与上下级或同事发生矛盾的时候，康乐部管理人员要有能力缓和并解决矛盾，处理好人际关系，不仅能够较好地协调部门之间和部门内部的人际关系，还能处理好部门与外部环境的关系。

5．领导能力

领导能力包括组织能力和凝聚力，对康乐部管理人员来说，即能够控制和利用康乐部的人、财、物等条件为饭店或康乐企业创造良好经济效益的能力。

组织能力是指康乐部管理人员能够对康乐部的工作进行切实有效的组织和安排的能力。通过安排，使康乐部各工作人员有不同的职责和分工，同时又要达到最终使顾客满意的整体效果。康乐部管理人员的组织能力还在于能根据康乐部活动场所的实际情况，精心设计业务计划，创造良好的康乐环境。

凝聚力是指康乐部管理人员应具有能够团结职工相互协作、指挥部下尽心尽力工作、激励他们将企业的目标视为自己奋斗的目标，从而为了共同的目标而团结努力的力量。

6．观察能力和创新能力

观察能力和创新能力是指康乐部管理人员能通过康乐经营过程中的各种现象进行分析、综合、判断、推理，能够从一系列的思维过程总结出工作规律，并通过运用这些规律解决管理和服务工作中出现的问题。还能根据本部门各娱乐设施和服务项目的经营状况及顾客的要求，进行综合管理，对顾客的康乐心理、需求趋势做出判断，及时发现有利的机会，不断开拓新项目，采取新的服务方式。

7．其他要求

康乐部管理人员应身体健康，热情开朗，心理素质良好，爱好体育运动和娱乐活动。

三、康乐部服务人员的素质要求

1．文化水平

康乐部服务人员应具备中职或同等学力的文化水平，对于专业技术较强的岗位，如按摩师、游泳池救护员等，此项要求可适当放宽，但是应通过考试取得相应的职业资格证书。涉外的康乐服务人员要有一定的外语交际能力。

2．工作资历

康乐部服务人员应有一年以上饭店实习经历，或半年以上康乐项目服务经历。

3．道德修养

康乐部服务人员应为人正派，有坚定的道德行为准则，诚实可靠、待人热情、乐于助人，能吃苦耐劳，有奉献精神，有努力做好本职工作的主动精神。

4．交际能力和应变能力

交际能力是指康乐部服务人员一方面能够以礼待人，尊重顾客，热情服务，主动满足顾客的合理需求；另一方面能友善的对待同事，团结协作，处理好与领导及同事之间的关系。

应变能力是指康乐部服务人员在意外情况发生时能及时采取恰当的措施控制局面，为解决问题打下良好的基础。

5．体质状况

康乐部服务人员应身体健康，体力充沛，精力旺盛，能承担一定强度的体力工作，能承担夜班工作，能在有一定噪声的环境中工作。

6．形体与形象

康乐部服务人员应无明显生理缺陷，形体胖瘦适中，比例协调，线条优美，五官端正，形象良好。

7．良好的心理素质

康乐部服务人员必须具备平和的心态，能够为每一位顾客提供安全服务、卫生服务和规范化的指导服务；对于顾客的投诉，能够站在顾客角度考虑问题，并及时向领班或主管汇报，妥善地解决和处理问题。

思考与练习

1. 什么是康乐部组织结构？其作用有哪些？
2. 设置康乐部组织结构时应该遵循哪些原则？
3. 饭店常见的康乐部组织结构有哪几种模式？各有哪些特点？
4. 如何理解康乐服务的特点？
5. 康乐从业人员应该具备哪些综合素质？

第三章 康体健身服务

康体健身项目不是广义的体育运动项目，其参与者需借助一定的运动设备、设施和场所，通过主动参与活动，在愉快的气氛中达到促进身心健康的目的。这类活动通常以一些运动场所和高科技的运动器材为载体，以参与者普遍的身体承受程度为限，运动的娱乐性和趣味性较强，富有挑战性，因此广受人们的喜爱。

本章以饭店中常见的康体健身项目为主要内容，对各类康体健身项目的特点、运动要求、比赛规则和记分方法等做了较为详细的介绍。此外，本章还介绍了饭店中常见康体健身项目的岗位设置、岗位职责和标准服务流程，以及康体健身项目服务中特殊情况的处理方法。

学习目标

☆掌握饭店常设康体健身项目的设施设备概况和使用知识。

☆了解常见康体健身项目的比赛规则和记分方法。

☆掌握一到两种常见康体健身项目的运动技能。

☆了解康体健身项目服务的岗位设置和岗位职责。

☆掌握球类、健身、游泳等康体健身项目的标准服务流程。

☆能够灵活处理康体健身项目服务中的常见问题。

☆掌握康体健身项目设施设备维护和卫生处理的相关知识。

☆能够明确地向顾客讲解某种康体健身项目的基本运动知识和技能，并能根据顾客需要提供陪练服务。

第一节　康体健身项目简介

饭店中为了满足顾客的康体健身需要，通常设有台球、保龄球、网球、壁球、高尔夫球、游泳、健身等康体健身项目。

一、台球

台球又称桌球或弹子球，是一项脑力与体力相结合的室内娱乐活动，如图 3—1 所示。台球被认为是一项具有绅士风度的高雅运动项目，与保龄球、高尔夫球、网球并称为世界四大绅士运动。

图 3—1　台球

1．台球运动简介

台球至今已有五、六百年历史，早在公元 14 世纪，台球运动已经受到人们的青睐，英国的贵族家庭很多都建有台球室。公元 16 世纪，法国国王路易十四听从御医的建议，每日餐后都打台球来保持身体健康。随着台球被越来越多的人所接受和喜爱，台球运动逐渐流传到世界各地，并且不再是权贵阶级的专属活动，逐渐走进民间，这使台球运动的生命力更加旺盛。

台球传入中国是在十九世纪末期。如今，中国已连续举办过多届国际水平的台球比赛，使得台球运动愈发地普及。台球已经成为饭店康乐部最基本的康乐项目，大多数体育场馆、俱乐部、娱乐中心、宾馆、饭店都设有台球室。

台球从不同的角度有不同的分类方法，举例如下：

（1）按国别不同，台球可分为法式台球、英式台球、美式台球和中式斯诺克台球等。

（2）按规则及打法不同，台球可分为斯诺克台球、八球、九球、十五球积分、三球开伦、四球开伦等。

（3）按球台有无袋口，台球可分为无袋式台球和落袋台球。

2. 台球运动的主要设施设备

(1) 球台

球台（见图3—2）是台球室的基本设施。常见的台面有人造石台面、石英石台面和不锈钢台面等。

图 3—2　球台

在球台边缘及台面的交接处，有一层富有弹力的胶垫，胶垫上紧绷有一层台呢。这种软垫称为“Cushion”，音译为“颗星”或“库”，可分为顶库（相对于开球区的另一端的台边）、边库（左右两侧的台边）和底库（开球区一端的台边）。

(2) 球杆

球杆是台球击球时使用的工具，大多选用优质硬木制成，橡木或枫木球杆比较常见。球杆形状前细后粗，一般长137～147厘米，重450～650克。

常见的球杆有两种，美式落袋台球一般使用大头球杆（见图3—3），英式斯诺克台球则使用小头球杆（见图3—4）。

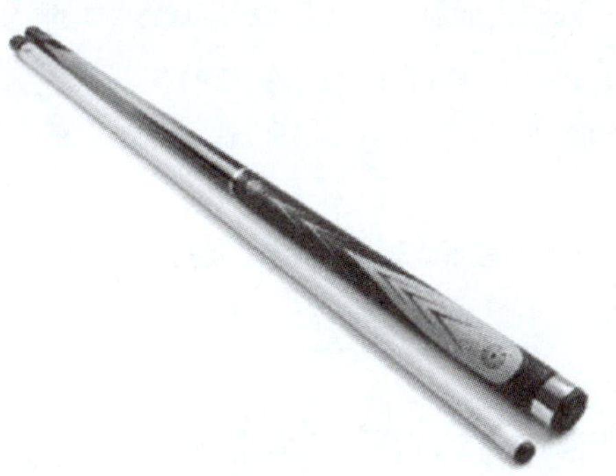
图 3—3　美式台球球杆（大头球杆）

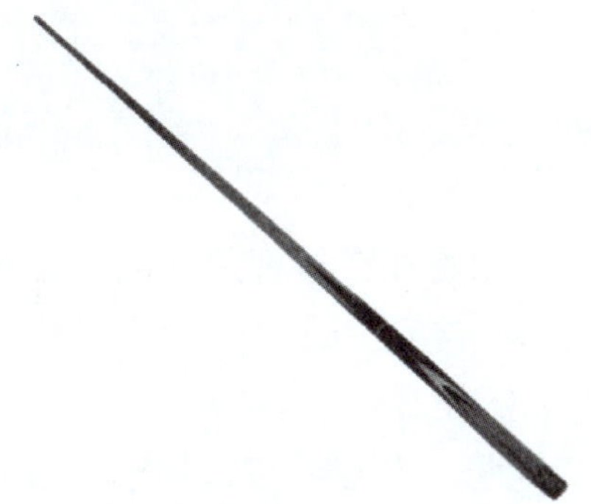
图 3—4　英式台球球杆（小头球杆）

(3) 球

最早的台球由象牙制成，造价十分昂贵。现代台球一般都是用高能聚酯材料制成。美式台球较大（见图3—5），英式台球稍小（见图3—6）。

(4) 架杆

当主球停在球台中间或打球者用手作支架够不着主球时，就要使用架杆（见图3—7）。常见的杆架有十字架杆、多槽式架杆、高架杆等，与其相配的有长、中长、短三种球杆。使用架杆时，一般是左手持架杆，右手持球杆以架杆顶端的凹槽做支点，击完球以后要迅速拿起架杆，避免阻碍球的滚动，如图3—8所示。

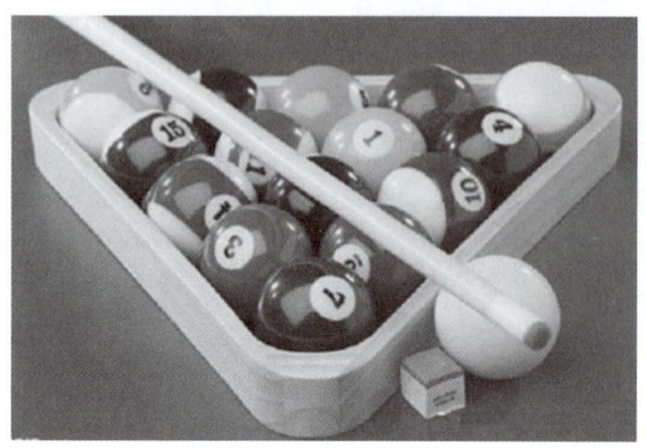

图 3—5　美式台球

图 3—6　英式台球

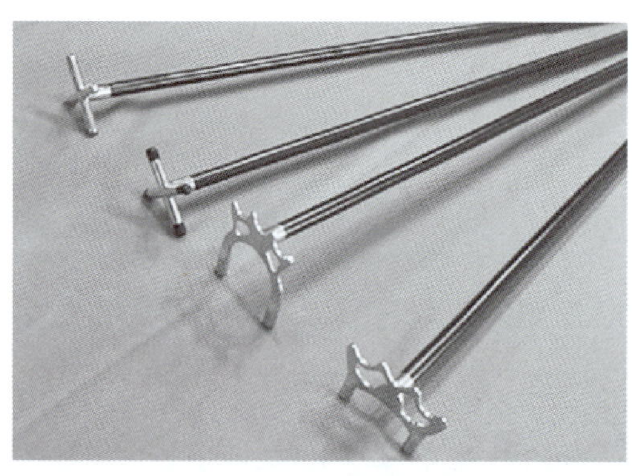

图 3—7　架杆

图 3—8　架杆的使用

（5）加长把

加长把是加在球杆尾部的一根短棒，用于增加球杆长度，当主球远离选手时帮助选手击打主球。

（6）三角框

三角框（见图 3—9）用于定位，摆球时将台球置于三角框内，然后再推到相应的位置。三角框有塑料和木制两种。

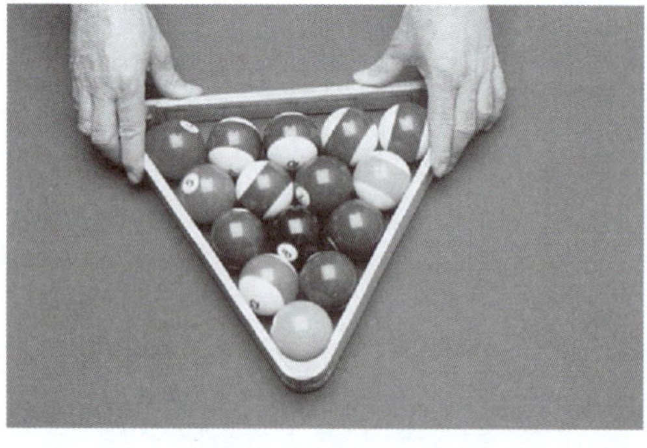

图 3—9　三角框

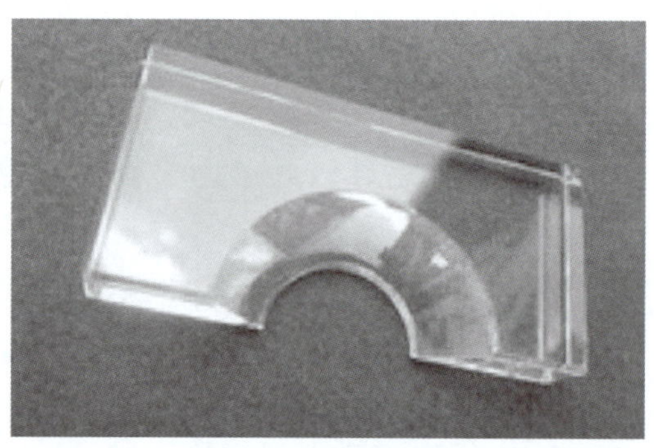

图 3—10　定位器

（7）定位器

在台球比赛进行过程中，如果发现球台台面有脏物或白色母球产生静电，都需要把球拿起来擦拭或清扫。在定位器（见图 3—10）的帮助下，球在比赛中途擦拭后可以准确无误地放回原来的位置。

（8）巧克粉和滑粉

巧克粉（见图 3—11）用来擦涂球杆的撞捶部分，以增加杆头与球之间的摩擦力，防止击球时打滑。

滑粉的作用是减少球杆与作为支架的手之间的摩擦力。

（9）存杆架

存杆架（见图 3—12）是用于存放球杆的架子或柜子，既方便存取球杆，又能保护球杆。每张台球桌旁都应摆放存杆架。球杆用完后要顶朝上、柄朝下整齐地排列在存杆架上。

图 3—11　巧克粉

图 3—12　存杆架

（10）记分牌

每张球台旁都要配备记分牌。记分牌有三种：一种是横拨珠算式的，每得 1 分拨 1 个子；另一种是同乒乓球记分牌一样的翻牌式；有条件的可以安装电子记分牌。斯诺克台球一般使用如图 3—13 所示的记分牌。

（11）照明等其他设施

打台球时，要求光线必须从上而下均匀地照射在整个球台的台面上，不能有散射光线刺射打球者的眼睛，所以要求在距台面 1 米高处吊有专用的大型梯形灯具，如图 3—14 所示。

在球台四周还应摆放适量的高脚靠背椅，以及沙发和茶几，供打球者或旁观者使用。规模较大的台球厅还应单独设置饮料吧台、库房和洗手间等。

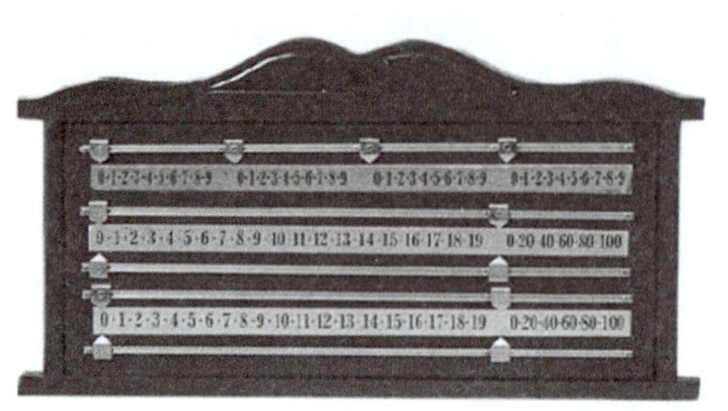

图 3—13　斯诺克台球记分牌

图 3—14　台球照明设施

3. 台球运动的基本规则和记分方法

(1) 英式斯诺克台球

斯诺克台球球台内沿长 350 厘米，宽 175 厘米，高 85 厘米，共用球 22 颗，其中 15 颗红球、6 颗彩球（黑、粉、蓝、褐、绿、黄各 1 个）、1 颗白球（本球或主球）。红球和彩球用来得分，白球用来击打红球和彩球。斯诺克台球台面上共有 6 个置球点，球的摆法如图 3—15 所示。

图 3—15　英式斯诺克置球点

1) 比赛规则。开球后，开球一方每次击球后，白球停在什么位置，就必须接着由这个位置打起。打球方必须先打入一颗红球后，才能任选一颗有利的彩球打。彩球落袋记分后要取出置于原位，红球不需取出。接着再打红球，红球打进后再打彩球，如此反复。当最后一颗红色球被击落，还可以随意击落任何一颗彩球，彩球取出归位后，台面上的 6 颗彩球必须按分值从低分球到高分球（即黄、绿、褐、蓝、粉、黑的顺序）一颗一颗击落袋中。此时打进的彩球不用再拿出来，直至所有彩球入袋，台面上剩下白球，比赛宣告结束。

2) 记分方法。记分时，每打进一个黑色球记 7 分，粉色球记 6 分，蓝色球记 5 分，褐色球记 4 分，绿色球记 3 分，黄色球记 2 分，红色球记 1 分，21 颗目标球总分是 42 分。每一击的得分为红色球和彩球的分值总和，如果每次击落一颗红色球后都能击落 1 次黑色球，然后再将 6 颗色球按顺序击入袋中，就可得到 1×15+7×15+2+3+4+5+6+7=147 分，即斯诺克台球一杆最高可得 147 分。

3) 犯规及处罚。斯诺克台球的规则非常严格。所罚分数不是在犯规这一方所得的分数中扣除，而是将所罚分数加给对方，最后累计积分高者获胜。常见罚分情况见表 3—1。

表 3—1　　　　斯诺克台球常见罚分情况

序号	斯诺克台球常见罚分情况
1	空球（击不着球），罚 4 分
2	主球失误落袋，罚 4 分
3	送红球时，先击着其他彩球或送红球时误将其他彩球送入袋中，罚 4 分；如果所击彩球的分值超过 4 分时，则按所击彩球分值罚分
4	送红球入袋，同时送入其他彩球，除所送入的红球不记分外，按被送入的其他彩球分值罚分，如分值低于 4 分，则罚 4 分
5	送指定彩球时误将红球送入袋中，或送指定目标球时先击着红球或其他彩球，则按该球分值罚分，若分值低于 4 分，则罚 4 分
6	送指定彩球入袋，同时撞入其他彩球，除送入球得分无效外，还将按分值最高的彩球罚分
7	击球时如发生连击或推球，如果目标球分值低于 4 分则罚 4 分，如果目标球分值高于 4 分则按其分值罚分
8	如果目标球不是红球时，主球不准同时撞两个不同颜色的球，否则将按两球中最高分值罚分
9	击球时不得双脚离地，衣服、架杆和其他物体不得触及球，否则将按目标球分值罚分，低于 4 分时则罚 4 分
10	送指定目标球时，先击中红球或其他彩球，则按该球分值罚分。若分值低于 4 分，则罚 4 分

(2) 美式台球

美式台球又称美式普尔（也有称鲁尔球），是台球的另一个重要流派。它与英式台球和法式台球并驾齐驱，广泛地流行于西半球和亚洲东部。虽然有人认为，美式台球仅仅是属于酒吧、街头巷尾的平民游戏，然而这正是美式台球大众化、普及化的可取之处。

1) 美式十五球台球。美式十五球台球的台面由一个白色球和 15 个杂色球组成（见图 3—16），杂色球球面都标有球号，其中 1～8 号球为全色球，9～15 号为间色球，也叫花瓣球。

图 3—16　美式十五球台球

美式十五球台球的打法主要有不分球打法和分球打法两类。

①不分球打法。这种打法就是双方均用白球依次将 1～15 号球击入袋中，按球面的分值记分，全部球分值之和为 120 分，所以任何一方先得 60 分或超过 60 分即可停止击球，先

得 60 分者获胜。

②分球打法。这种打法在我国有广泛的群众基础，俗称“速黑 8”，即 1～7 号全色球为一组，9～15 号间色球为一组，黑色的 8 号球为公球或决胜球，黑球入袋即算胜利。比赛时，双方按规则确定一种球（全色或间色）为自己的合法目标球。

图 3—17　美式九球台球

2）美式九球台球。美式九球比赛时，双方使用同一颗主球（白色）及 1～9 号共 10 颗球。球用三角框排成菱形。1 号球在最前方，9 号球在中间，其他球随意。1 号球的中心在置球点上方，9 颗球必须排列紧密（见图 3—17）。

球手每次击球时，台面上号码最小的球为第一目标球，主球先撞击第一目标球后击入任何球都有效，并获得继续击球的权力，击入九号球即获胜。美式九球台球比赛过程变化莫测，比赛的结果以打进 9 号球为赢，9 号球未进之前，胜负是未知的。这种打法规则简单，但技术要求高，因此极具观赏性。

4．台球运动的基础技巧

（1）台球基本姿势

打台球时，正确的击球姿势是击球准确的基础。正确的击球姿势（见图 3—18）是：面对球台上要打的球，直立站好，右手握杆，杆头指向母球；左脚向前迈半步，两脚成反“丁”字型，约与肩同宽；身体下俯，右脚伸直，左腿稍弯曲，右腿的位置保持在球杆的内侧。右肩提起，尽量放在脑后，肩和肘的位置要在一个垂直面内，既不要翘，也不要内扣。

图 3—18　台球的基本姿势

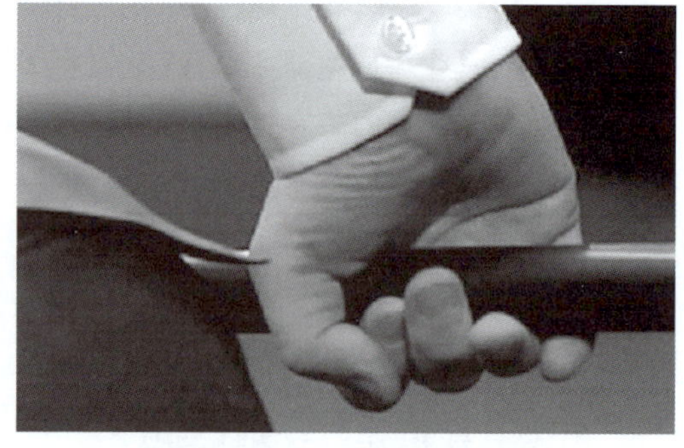

图 3—19　台球握杆方法

（2）握杆方法

拿到球杆时，首先要了解球杆的重心位置，然后由重心点向杆尾处移动约

40 厘米，这段距离内握住球杆是比较合适的。

握杆的方法正确与否，直接影响到出杆质量的好坏。正确的握法是：拇指和食指在虎口处用轻力握住球杆，其余 3 个手指要虚握。握杆的右手务必接近右腰部并与右腰保持一定的间隔，以使球杆做前后水平运动（见图 3—19）。

（3）架杆方法。

1）V 形架杆方法。将左手拇指肚紧贴食指根，翘起拇指呈 V 形，球杆就放在这个 V 形槽上，这是最常见的架杆方法（见图 3—20）。

2）O 形架杆方法。将食指屈回，指尖顶在拇指肚上，做成一个圆套，紧紧套住球杆，让杆只能前后滑动，不能左右摆动（见图 3—21）。

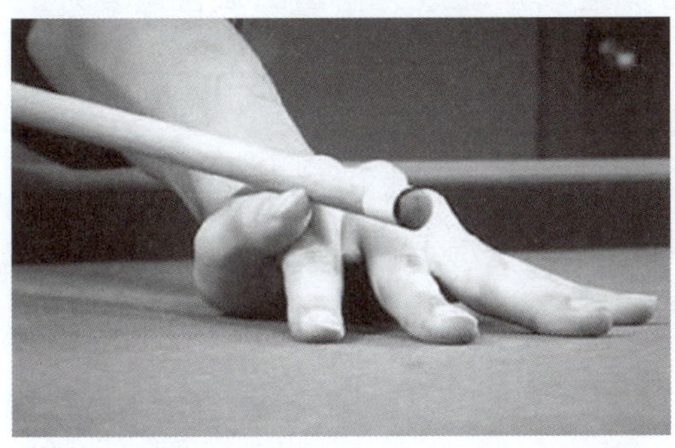

图 3—20　V 形架杆方法

图 3—21　O 形架杆方法

知识链接

台球运动的风度与礼仪

台球被称为绅士运动，是一项非常重视风度和礼仪的竞技运动。球手和观众应遵守如下的礼仪：

1. 打球时不能大声喧哗或发出有干扰的声音，在球手思考或正在击球时不要喝彩、鼓掌等。
2. 打球时不能双脚离地，至少要有一个脚尖接触地面。
3. 不能坐卧在球台上，不能故意损坏球具。
4. 着装要整齐，不允许衣冠不整、赤脚、穿拖鞋等不文明行为。正式比赛需穿衬衫、马甲、西裤、皮鞋，并佩戴领结。
5. 当对方击球时，不能站在对方瞄准的方向，更不能对视、干扰对手。
6. 比赛中，要等到台面所有的球静止后才能击球。

二、保龄球

保龄球具有娱乐性、趣味性、抗争性和技巧性，能够给人以身体和意志的锻炼。由于保龄球是室内活动，不受时间、气候等外界条件的影响，且参与者不受年龄和体质的限制，易学易打，因此是一项男女老少人人皆宜的体育运动，一般有条件的饭店和宾馆都建有保龄球室。

1．保龄球运动简介

保龄球又称地滚球，是在木板道上滚球击柱的一种室内运动。保龄球的起源可以追溯到公元前 5200 年的古埃及，在那里人们发现了与现代保龄球运动用具类似的大理石球和瓶。14 世纪初，保龄球逐渐演变成为德国民众普遍爱好的体育运动项目。保龄球得到真正的发展，是在 1895 年美国保龄球协会正式成立以后，该协会于 1901 年主办了全美保龄球大赛。

20 世纪初，保龄球传入中国。当时在北京、天津和上海的青年会健身房内已设有保龄球场。20 年世纪 80 年代前，保龄球由于消费水平高，加之深藏于高档饭店内，普通百姓难以问津。随着改革开放的发展，人们的生活水平和消费层次不断提升，保龄球运动被越来越多普通人认知和熟悉。

2．保龄球运动的主要设施设备

（1）球道和助跑道

现代保龄球运动使用的标准球道（见图 3—22）长 19.15 米，宽 1.04～1.06 米，发球区和置瓶区用枫木板条拼接而成，其余为松木板条制成。一条标准球道一共由 39 块细长板条拼接而成。

图 3—22　保龄球球道

球道最前方是置瓶区，呈正三角形，从 1 号瓶中心线到球道底部约为 86.83 厘米。球道两边为球沟，宽约 24.1 厘米；相邻两条球道下面有公用的回球道。球道的后方是助跑道，长 457.2 厘米，球道和助跑道之间有 0.95 厘米宽的一条犯规线相隔，线上设有光控犯规监测装置。

（2）球瓶

球瓶是保龄球投掷的目标。每条球道备有两组球瓶，每组 10 个（见图 3—23）。球瓶以枫木为主要材料，基本颜色为白色。球瓶高为 38 厘米，最粗的部位直径为 12 厘米，底部直径为 5.02 厘米，重 1.4～1.6 千克。一组 10

个球瓶中，最重的球瓶和最轻的球瓶重量差不能超过 113 克。

图 3—23 保龄球球瓶

图 3—24 保龄球

(3) 球

保龄球（见图 3—24）由球核、重量堡垒和外壳三部分组成。球的直径为 21.8 厘米，重量从 6～16 磅（1 磅 =0.4535 千克）共计有 11 种规格，打球者可凭个人喜好而选择保龄球的重量。球上有三个小孔，便于手指插入控球。球表面有编号及重量堡垒等识别标记。

(4) 自动化控制系统

自动化控制系统是保龄球设备的重要组成部分，由程序控制箱控制，通过机械装置来完成扫瓶、送瓶、夹瓶、竖瓶和回球、升球等工作，并将瓶位信号、补中信号通过计算机记分系统显示在记分台和悬挂式彩色记分显示器上。

(5) 附属设备设施

保龄球馆附属设备设施包括球员休息椅、茶几、公用鞋存放柜、公用球存放架、备用球、清洁打磨机和加油机等。

(6) 着装

保龄球运动员的着装，最基本的要求是宽松舒适，不可太紧。着装宽松的目的在于保证动作自如，便于施展，当然也不能过于肥大。一般男球员适宜穿运动长裤和质地柔软的 T 恤衫；女球员适宜穿短袖衫和短裙。

(7) 保龄球鞋

保龄球鞋是运动员打出好成绩的重要装备，有通用鞋和阴阳鞋两种。

通用鞋左右脚的鞋底都由皮革制成，右手球员和左手球员均可使用。

对右手球员来说，阴阳鞋左鞋底用皮革，右鞋底用橡胶，右鞋底尖部有一块皮革，以确保助跑和滑步的稳定性（见图 3—25）；左手球员则相反。阴阳鞋全部都是用线缝制。

图 3—25 保龄球鞋

图 3—26 保龄球护腕

（8）护腕和胶贴

护腕的种类和式样很多，目的在于保护和固定手腕，是获得高分的好帮手（见图 3—26）。

此外，球员还应备有不同类型的胶贴，以便对球的指孔作必要的修理和调整，指孔松时贴上，紧时揭掉。

3．保龄球的基本规则和记分方法

（1）基本规则

保龄球运动是以球击倒球瓶的数目记分，击倒一个球瓶就记为 1 分，最终以得分多少决定胜负。保龄球比赛以局为单位，计算一局中的总分数作为得分，每一局的最高得分为 300 分。比赛时，以 6 局总分累计决定名次。

保龄球比赛一局分为 10 轮，1～9 轮每轮有 2 次投球的机会，第 10 轮有 3 次投球的机会。如果在 1～9 轮中，每轮第一次投球就把 10 个球瓶全部击倒，即“全中”，就不能再投第二次。如果第一次投球未击倒全部球瓶，则准许第二次投球，如果第二次击倒了所有的剩余球瓶，则称为“补中”。唯有第 10 轮不同，有球无瓶时，仍要置瓶投球，直到手中无球。

保龄球比赛以抽签的方式决定道次。每局在相邻的一对球道上进行比赛，每轮互换球道，直至全局结束。

（2）记分方法

保龄球的记分方法如下：每一局总共有十格，每一格里面有两球。如果第一球就把全部的球瓶都击倒，也就是“全中 STRIKE”，画面出现“×”，就算完成一格了；如果第一球后球瓶没有全倒，就要再打一球，如果剩下的球瓶全都击倒，也就是“补中 SPARE”，画面出现“/”，也算完成一格；如果第二球也没有把球瓶全部击倒的话，那就只能接着打下一格；依此类推直到第十格。

1）全中。当每一个格的第一次投球击倒全部竖立的十个瓶子时，称为全中，用符号“×”记录在记分表中。全中的记分是 10 分加该运动员下两次投球击倒的球瓶数。一局的最高分 300 分，必须投出十二个全中才可获得。

若连续三次打出“全中”，则第一轮中的“全中”得分记为30分。连续打出两个“全中”称作“双倍打”；连续打出三个“全中”，称作“三倍打”。

2）补中。当第二次投球击倒第一次投球时余下的全部瓶子，称为补中，用“/”表示。补中的记分是10分加运动员下一轮第一个球击倒的球瓶数。

在一轮投球中，如果第一次投球未击倒一个球瓶，而第二次投球将10个球瓶全部击倒，则称为“两球滚完”。

3）失误。除第一次投球后形成分瓶外，当运动员在某格两次投球后，未能将十个瓶子全部击倒，即为失误，用“—”表示。

4）分瓶。分瓶是指在第一球投出后，把1号瓶及其他几个瓶子击倒，剩下的瓶子呈下列状态：

①2个或2个以上的瓶子，它们之间至少有1个瓶子被击倒时，如7号瓶和9号瓶、3号瓶和10号瓶。

②2个或2个以上的瓶子，紧挨在它们前面的瓶子至少有1个被击倒时，如5号瓶和6号瓶。

分瓶在记分表上用“O”表示。

5）犯规。在投球时或投球后，运动员的部分身体触及或超越了犯规线，或者接触了球道的任何部分及其设备建筑时，即为犯规。该次犯规的时效直到该名运动员或下一名运动员投球为止。犯规在记分表上用“F”表示。

根据以上规则，保龄球的记分方式可以总结为表3—2和表3—3。

表3—2　　保龄球记分方式

<table>
<tr><th>轮次</th><th colspan="2">一</th><th colspan="2">二</th><th colspan="2">三</th><th colspan="2">四</th><th colspan="2">五</th><th colspan="2">六</th><th colspan="2">七</th><th colspan="2">八</th><th colspan="2">九</th><th colspan="3">十</th></tr>
<tr><td rowspan="2">积分</td><td>8</td><td>/</td><td>9</td><td>/</td><td>7</td><td>—</td><td>9</td><td>/</td><td>7</td><td>/</td><td>×</td><td></td><td>9</td><td>/</td><td>×</td><td></td><td>×</td><td></td><td>×</td><td>9</td><td>/</td></tr>
<tr><td colspan="2">19</td><td colspan="2">36</td><td colspan="2">43</td><td colspan="2">60</td><td colspan="2">80</td><td colspan="2">100</td><td colspan="2">120</td><td colspan="2">150</td><td colspan="2">179</td><td colspan="3">199</td></tr>
</table>

表3—3　　保龄球满分记分方式

<table>
<tr><th>轮次</th><th colspan="2">一</th><th colspan="2">二</th><th colspan="2">三</th><th colspan="2">四</th><th colspan="2">五</th><th colspan="2">六</th><th colspan="2">七</th><th colspan="2">八</th><th colspan="2">九</th><th colspan="3">十</th></tr>
<tr><td rowspan="2">积分</td><td>×</td><td></td><td>×</td><td></td><td>×</td><td></td><td>×</td><td></td><td>×</td><td></td><td>×</td><td></td><td>×</td><td></td><td>×</td><td></td><td>×</td><td></td><td>×</td><td>×</td><td>×</td></tr>
<tr><td colspan="2">30</td><td colspan="2">60</td><td colspan="2">90</td><td colspan="2">120</td><td colspan="2">150</td><td colspan="2">180</td><td colspan="2">210</td><td colspan="2">240</td><td colspan="2">270</td><td colspan="3">300</td></tr>
</table>

4．保龄球运动的基本技巧

（1）球的选用

要打出理想的成绩，一定要选用合适的球，主要是指球的重量和指孔的大小要合适。

1）重量的选择。保龄球重量的选择技巧见表 3—4。

表 3—4　保龄球重量的选择

简便的选球标准		以体重 1/10 为依据的选球标准	
6～7 磅	小学生	40～49 kg	10 磅
8～9 磅	中学生	50～54 kg	11 磅
10～12 磅	女青年	55～59 kg	12 磅
13～14 磅	男青年	60～64 kg	13 磅
15～16 磅	中、高级球员	65～69 kg 70～74 kg 75 kg 以上	14 磅 15 磅 16 磅

2）指孔的选择。保龄球的指孔有大有小，拇指、中指、无名指放入相应的指孔中，应略有间隙。如果手指在指孔中能自由转动，说明指孔过大（解决办法是在相应的手指上贴上胶贴）；如果手指在指孔中有阻塞感，则说明指孔过小。指孔过大或过小对成绩都会有影响。

（2）持球

将右手的中指和无名指先插入指孔，再把大拇指插入指孔，手心贴着球弧面（手掌与球面的间隔以可以放一根铅笔的空隙为最好），把球牢牢握住，手腕保持平直，前臂和上臂夹角保持 90°。

保龄球一般有以下两种持球方法：

1）传统式持球法。传统式持球法是指大拇指完全伸入指孔，中指、无名指伸入指孔二指节（见图 3—27）的持球方法。这是最基本、最受欢迎的一种持球方法。它比较容易控制球，因为 3 个手指放得深，且球的重量平均分配 3 个手指上，投球时不怕球漏掉。传统式持球法对于初学者或手力弱的女性很合适。

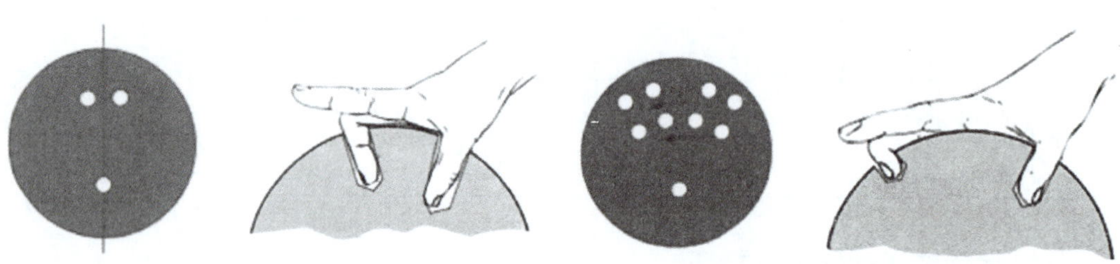

图 3—27　传统式持球法　　图 3—28　全握式持球法

2）全握式持球法。使用全握式持球法时大拇指可以完全伸入指孔中，中指和无名指只有一指节伸入指孔中，这是一种“浅入”的持球方法（见图 3—28）。这种持球方法适用于有经验的高手。选择这种持球方法，应先试一试手的大小是否与指距合适，以便能打出旋转球及曲线球。

（3）四步助走及投球

助走实际上就是由站在球道上到出球的时候所需要走的路线，通常分为三步助走、四步助走和五步助走，其中，四步助走最有利于初学者掌握，又叫标准型助走（见图 3—29）。右手持球的人，最后把球送出时，应该是右脚交叉在左脚的后面，左手持球的人反之。

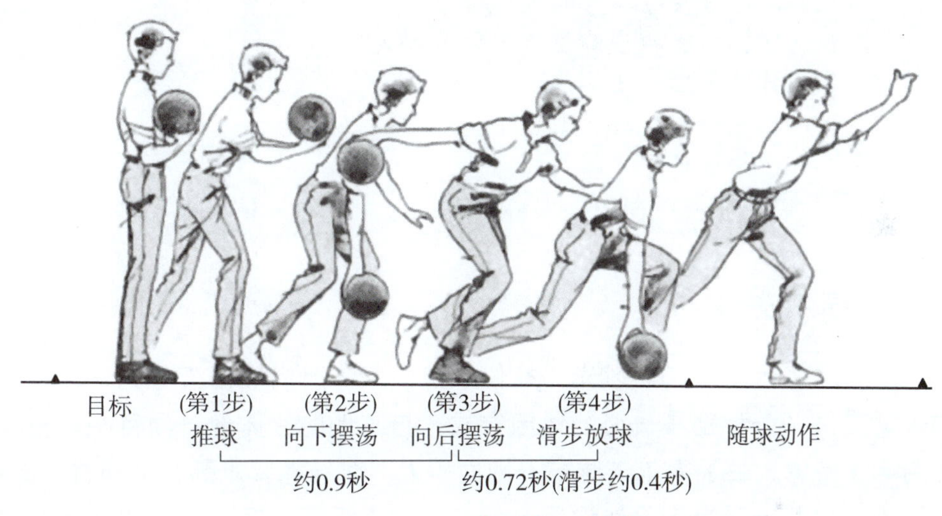

图 3—29 四步助走示意图

1）准备动作。身体对着目标，双脚并拢；肘部紧贴身体，球与肩膀成一水平线，双膝坐下 10～15 厘米；身体自然向前倾，倾角约 15°。

2）第一步——推球。右手右脚（左手持球的人为左手左脚）同时推出，球与脚尖的水平距离为 10～15 厘米。

3）第二步——下摆。被向前推出的球，借助本身的重量自然向下坠落，这时出左脚，步幅稍大，同时右手持球自然下落，向后摆动。

4）第三步——后摆。在球向下后摆的同时，右脚稍大幅度地跨出，身体前倾，将球摆到最高点，大概与身体成 90° 夹角。

5）第四步——回摆和滑步投球。当球从后摆顶点向前摆动的瞬间，顺势迈出左脚。左脚采用滑步，左膝弯曲，右脚向左后方摆动以保持平衡。此时，因摆动与助步的惯性会使左脚自然向前滑动 20～40 厘米。左脚滑动即将结束时，球运动到最低点，顺势投出。在球出手后，手臂随着球的脱手向前向上摆动，上身也充分伸展向前倾，直到投出的球滚过球道上的瞄准点为止。

知识链接

保龄球运动的风度与礼仪

1. 进入投球区时，需更换保龄球专用鞋。
2. 使用自己选定的保龄球进行投球。
3. 等到保龄球瓶完全置好后再投球。
4. 不可以随意进入投球区。
5. 请已经准备好投球姿势的人先投球。
6. 在投球区，投球的预备姿势不要做太久。
7. 投球动作结束后，应尽快离开投球区。
8. 遵守“先右后左”的原则。
9. 不可把水洒落在投球区。
10. 不可干扰正在投球的人的注意力。

三、高尔夫球

高尔夫球将运动、自然风光、礼仪风范、服饰时尚等因素合为一体，为人们的生活提供了一种别具一格的休闲方式，与其他的康体健身项目相比更具有休闲韵味和特色。由于高尔夫球场占地面积大，对场地要求高，活动费用昂贵，投资巨大，因此一般饭店无法设置。但在大城市近郊，饭店、度假村相对集中的地方，高尔夫球场或练习场很受欢迎，成为商界人士的理想去处。

1．高尔夫球运动简介

高尔夫球（Golf）是一种以棒击球入穴的球类运动，因其运动量适中，适合于各年龄段的消费人群，被誉为充满“绿色（Green）、氧气（Oxygen）、阳光（Light）、友谊（Friendship）”的“休闲、徒步运动”。

现代高尔夫球运动传入中国是在 1916 年，但并未得到公众的认同。直到 20 世纪 80 年代中期，中国大陆的第一家高尔夫球俱乐部在广东中山诞生，1984 年 5 月，中国高尔夫球协会在北京成立，高尔夫球运动才在中国大陆兴起，并以惊人的速度发展起来。目前，我国的高尔夫球场主要集中于珠三角、长三角、京津唐三大经济圈，高尔夫球俱乐部的入会消费人群每年以 10% 的比例增长，中国每年都要举办各种类型的高尔夫球公开赛。

2．高尔夫球运动场地及设施设备

（1）高尔夫球场地

标准的高尔夫球球场长 5 943～6 400 米，宽度不定，占地面积不小于 60 公顷，由草地、湖泊、沙坑和树木等自然景物共同组成。按照内部区域和功能的不同，高尔夫球场地可以划分为三个主要功能区域：会馆区、球道区和草坪管理区。

1）会馆区。会馆区也称高尔夫俱乐部，多设于球场的入口处，是供球员休息、更衣、餐饮和社交的场所。

2）草坪管理区。草坪管理区是球场中存放日常维护管理机械和物资的区域。

3）球道区。球道区是整个高尔夫球场的主体部分，占整个球场面积的 95% 以上。标准的高尔夫球场通常为 18 个球洞球场，设置 18 个大小不一、形状各异的球道，每个球道均由开球区、球道、果岭、球洞和障碍区组成，包括沙坑、水面、高草等，具体如图 3—30 所示。

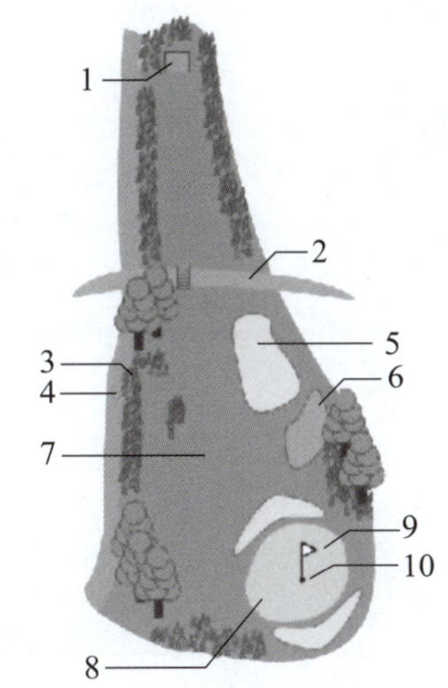

图 3—30　高尔夫球场地示意图

1—开球区　2—河流　3—深草区　4—界外　5—沙坑　6—水塘　7—球道　8—果岭　9—旗杆　10—球洞

①开球区。开球区是每个球洞击球的起始草坪区域，一般略高于球道地面，面积一般为 30～150 平方米，以长方形、正方形、椭圆形最为常见。

每个开球区一般有 3～4 个发球台，最前面的“红色标识”为业余女球手发球台，中间的“白色标识”为业余男球手和职业女球手发球台，“蓝色标识”为职业男球手发球台，最后面也是距离果岭最远的“黑色标识”为锦标赛专用发球台。

②球道。球道是指连接发球台与果岭的草坪区域，是高尔夫球场中面积最大的部分。标准 18 洞球场的球道总长度为 6 200～7 200 米，宽度不等，通常为 45～110 米。

球道按照长度不同可分为长、中、短 3 种。标准高尔夫球场的 18 个球洞中，长、短距离的球洞各 4 个，中等距离的球洞 10 个，采用混合式排列。美国高尔夫球协会规定的标准高尔夫球场的洞数和标准杆数见表 3—5。

表 3—5　标准高尔夫球场的洞数和标准杆数

球道	洞数	标准杆数
长球道	4 个	5 杆
中球道	10 个	4 杆
短球道	4 个	3 杆

③果岭。果岭（见图 3—31）是每个球道的核心，是球洞的所在地，果岭一词是“green”的音译。果岭的面积一般在 111～2 545 平方米，没有固定的尺寸和形状。

图 3—31　果岭

果岭上设有球洞，球洞内设有供球落入的金属杯（见图 3—32），杯的直径应为 108 毫米，深度至少为 100 毫米。标志旗旗杆插在金属杯中心，旗上标有球洞序号，能为远离果岭的选手指明果岭的方位（见图 3—33）。当从果岭上击球入洞时，需拔出旗杆。

图 3—32　球洞

图 3—33　标志旗

4）障碍区。障碍区是为了增加击球难度及惩罚不正确的击球而设置的区域，主要有沙坑、水面、树木及高草区等。障碍区不仅是击球的障碍，同时还可作为高尔夫球场的园林景观。

（2）高尔夫球

高尔夫球（见图 3—34）是用橡胶制成的实心球，表面包一层胶皮线，涂上一层白漆。球的直径为 42.67 毫米，重 46 克。白色的橡胶球表面有许多规则排列的“酒窝”式凹陷，以利于飞行和提高击球准确性。

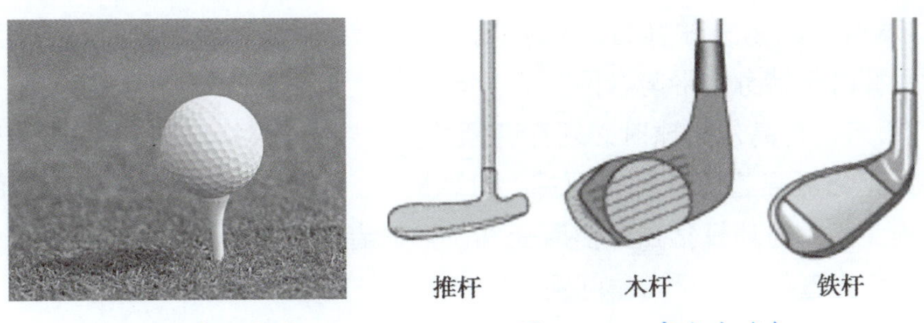

图 3—34　高尔夫球　　图 3—35　高尔夫球杆

（3）高尔夫球杆

高尔夫球杆是高尔夫球运动中的基本装备，分为球头、杆身、握把三部分，长度为 0.91～1.29 米，由木材或塑料与金属组合制成。打高尔夫球时应根据击远、击近、击高的不同需要，分别使用不同的球杆（见图 3—35）。

1）推杆。推杆也称入洞杆，是在果岭上专用的球杆，杆头由软铁制成。推杆可分为 T 形、L 形和 D 形，杆面平直是它们的共同特点。

2）木杆。木杆也称开球杆、长杆，是开球区使用的球杆，多以柿木制成。木杆有 1～5 号球杆，号数越小、长度越长，球也打得越高、越远。对于初学者而言，3 号木杆较为适用。

3）铁杆。铁杆也称击球杆，是在球道上击球使用的球杆，一般以软铁制作杆头。铁杆有 1～9 号球杆，分为长、中、短三类：长铁杆易于把握方向；中铁杆容易挥动，易于上手，适合初学者选用；短铁杆适用于在困难位置击球。

（4）高尔夫球运动装备

1）球杆袋。球杆袋也称球包，是装放球杆的袋子，多为皮制，口径为 20.32 厘米左右（见图 3—36）。

2）高尔夫球车。高尔夫球车为电动车，是专为高尔夫球场设计开发的环保型乘用车辆，是高尔夫球场中最便捷的交通工具（见图 3—37）。

图 3—36　球杆袋

图 3—37　高尔夫球车

3）球鞋。高尔夫球鞋为皮革质地，鞋底有 12 个左右的鞋底钉，可防滑，使选手挥杆时保持身体平衡（见图 3—38）。

4）服装。打高尔夫球时必须穿有领的运动衣或衬衫，男士必须穿宽松的休闲裤，女士还可穿超过膝盖的短裤。打球时，一只手必须戴上质地柔软的薄手套，以避免手掌与球杆猛烈摩擦时受伤。打球者还可戴一顶浅色的阔边太阳帽，既可防止阳光直射，又可增添翩翩风度（见图 3—39）。

图 3—38　高尔夫球鞋

图 3—39　高尔夫球服装

3．高尔夫球运动的基本规则和记杆方法

（1）比赛形式

1）比杆赛。比杆赛是高尔夫球赛中的一种主要赛制，在打完规定的洞数后（通常是 18 洞），将参赛者取得的总杆数进行比较，其中累计杆数最低者获得优胜。

2）比洞赛。比洞赛是以较少杆数完成一个洞的击球方为该洞的胜者，最后赢得洞数多者获胜。目前，这种比赛形式很少被重要比赛采用。

（2）比赛方法

高尔夫球比赛时用抽签方法决定击球顺序。赛程中各洞的击球顺序遵循离球洞远者优先的原则。球击落在什么地方，就在什么地方接着击球，不可以任意挪动击球位置。每次击球入洞后可将球取出，并将球移至下一洞的开球处。如同比赛开始第一次击球一样，可以堆沙垫或使用球座垫球，然后击出。

（3）记杆方法

每击一次球就算一杆；长球道标准杆为 5 杆，中球道标准杆为 4 杆，短球道标准杆为 3 杆；18 个洞的总标准杆数为 72 杆。

4. 高尔夫球运动的基本技巧

（1）握杆

高尔夫球握杆是用手指握杆而不是掌心握杆，这样可以让手腕更加灵活，从而获得更快的杆头速度。常见的握杆方法有三种：

1）重叠式握杆（见图 3—40）。重叠式握杆也叫瓦登式握杆，是巡回赛上使用最多的握杆方法。这种方法能够较好地保持两手一体感，便于控制左右两手用力的平衡。

2）互锁式握杆（见图 3—41）。这种握杆方式使双手连接得更好，适合手指较短、挥杆速度较快的人。

3）棒球式握杆（见图 3—42）。这种握杆方式适合力量较弱的人。

图 3—40　重叠式握杆

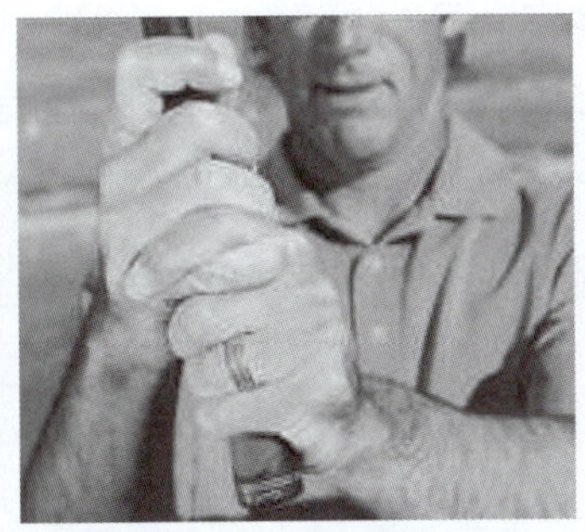

图 3—41　互锁式握杆

图 3—42　棒球式握杆

（2）站姿和瞄球

站位时，确定球与足的位置关系，从球的位置引出一条与球的飞行方向垂直的线，两足跨线并拢而立，左足尖稍向外撇开，左足足跟靠近该线，如图 3—43 所示。然后将重心移向左足，根据所使用的球杆适当地将右足向右跨出，即完成了站位动作。

图 3—43　站姿和瞄球

（3）击球

击球是指将球击出的连贯动作。无论使用什么球杆，挥杆击球的动作只有一种，挥杆的轨迹是一个较为均匀的大圆弧。击球的基本动作分为引杆、下挥杆、触击球和跟杆 4 个环节，如见图 3—44 所示。

图 3—44　击球

1）引杆。左臂运杆，右臂基本不用力，控制好方向，靠臀部旋转来带动手臂挥杆。头部保持不动，左臂向前，右臂向后，球杆沿着球飞行路线的内侧运行，当臀部转到最大限度时，就是引杆轨迹的顶点。

2）下挥杆。从引杆到下挥杆动作之间几乎没有任何停顿，从左膝开始，把下半身往左转，左膝关节伸直，手臂同时向下挥杆，臀部的转动带动手臂挥杆。

3）触击球。击球时，球杆的击球面必须与水平面垂直，并击在球背的正中部位，只有这样，球才能朝着正前方飞出。

4）跟杆。跟杆是击球动作的延续，是挥杆击球发力后的一个惯性动作，因此，必须要刻意去完成。

知识链接

高尔夫球运动的风度与礼仪

1. 做好准备，及时到达开球区。

2. 不要在开球区练习挥杆，不要站在其他选手后面、旁边等太近的地方。

3. 其他选手发球或者击球时要保持肃静。

4. 始终检查自己的标记和球号，避免比赛期间发生混乱。

5. 如果可能，不仅要观察自己的球，还要观察小组内其他选手的球。这样，一旦伙伴击球后未能马上找到球，可帮助他尽快找到球，以节省时间。

6. 击球带挖起的草皮应该拾回原位填平，沙坑比赛之后，用耙子将沙坑恢复到良好状态。

7. 除球童外，不得向任何人寻求指导。

8. 果岭中禁止直接穿行，以免影响球友，一洞打完后，应该迅速离开果岭。

四、网球

网球是一项隔着球网用球拍击打橡胶制空心球的运动，也是一项优美而激烈的运动。它孕育在法国，诞生在英国，普及在美国，盛行于全世界，被称为世界第二大球类运动。目前在我国，大多数四星级及以上的饭店、宾馆、度假村都设有网球场。

1．网球运动简介

网球在 12 世纪中期孕育于法国，当时法国一些年轻的僧侣在修道院内开辟了一块场地进行体育活动。他们在二人之间横拉一条绳子，双方隔绳用手掌击打一个用布缝制的、里面塞以毛发的球。他们把这种游戏叫"掌球戏"，这就是网球运动的起源。

现代网球运动始于 1873 年。那一年，英国人沃尔特·克洛普顿·温菲尔德将早期的网球打法加以改进，使之成为夏天在草坪上进行的一种体育运动，并取名"草地网球"。同年他还出版了一本以《草地网球》为题的小册子，对这种运动进行宣传和推广。温菲尔德被称为"近代网球的创始人"。此后，网球便成为一项室内、室外都能进行的体育项目。

网球运动于 1885 年传入我国，迄今已有 100 多年的历史。网球运动适应面较广，运动量的大小可以根据活动者的情况来调节，男女老少皆宜，因此在中国越发受到大众的喜爱。

2．网球运动的主要设施设备

（1）网球场的种类

网球场地可根据环境结构和地面材质分为草地球场、红土地球场和硬地球场三大类。

一般饭店康乐部设置的网球场通常选用涂塑地面，它的成本不高，也无须花费大量的时间进行维护、保养。因此，这种类型的场地被越来越多饭店和度假村采用。

（2）网球场的规格

网球场为长方形，球场长度为 23.77 米，单打球场宽度为 8.23 米，双打球场宽度为 10.97 米。

球网将全场横隔成面积相等的两个区域，网中央高 0.914 米，并用不超过 5 厘米宽的白色带束于地面。球网采用深色蜡线或尼龙线编织而成，网孔大小以不让球通过为准。球网两侧 6.4 米处各有一条与底线平行的横线，叫发球线。球网两侧发球线的中央连接起来成为中线。中线把两侧发球线之间的地面分成四个相等的区，叫发球区。中线两侧的长线叫边线，国际网球联合会规定，底线以后至少应有 6.40 米的空地，边线以外至少应有 3.66 米的空地。全场除底线线条可宽至 10 厘米外，其余各线条的宽度应为 2.5～5 厘米。

室外场地的四周可用钢丝网做围栏，围栏的高度应高于 2.5 米，以免球员将球击出场外。室内网球场的地面多为涂塑地面，除面积规格要求外，还要求天棚的高度不低于 12 米。网球场的规格如图 3—45 所示。

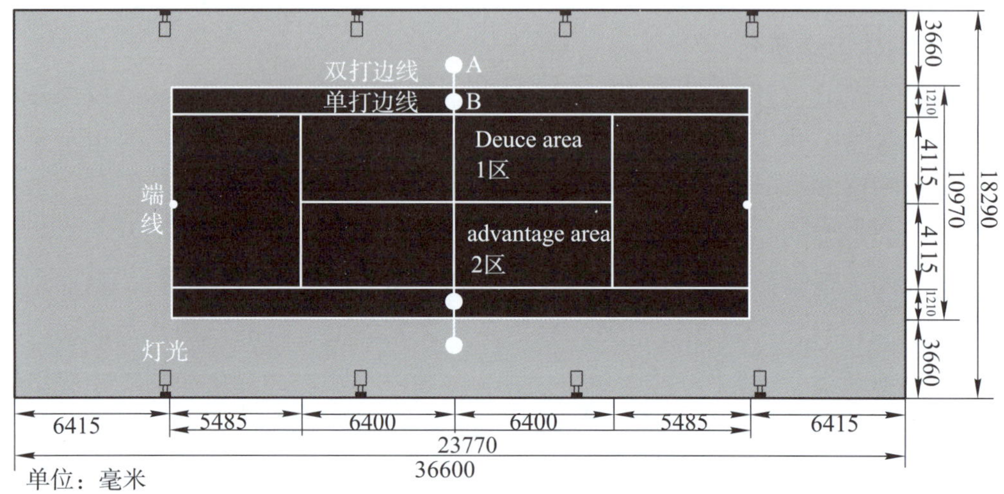

图 3—45 网球场的规格

（3）网球

网球（见图 3—46）为圆形中空的橡胶球，外覆羊毛毯织物或尼龙混合织物，球面上的短毛有延滞球速、稳定方向的功能。网球分为训练用球和比赛用球。比赛用球直径为 6.35～6.67 厘米，重量为 56.7～58.5 克，颜色为白色或黄色。

图 3—46 网球　　图 3—47 网球拍

（4）网球拍

网球拍（见图 3—47）有木制、铝制、玻璃纤维制及碳纤维制等几种，其中碳纤维球拍弹性好、韧度大、重量轻，最受欢迎。标准网球拍总长度不得超过 81.25 厘米，总宽度不得超过 31.75 厘米。拍框内由弦线纵横交错形成拍面，弦线一般分天然肠线、聚脂线、尼龙线、克维拉线等。

（5）网球服装

网球服装中，夏天上装以短袖有领的棉衫为主，冬天则穿羊毛质料制成的球衫，都要符合通风吸汗的要求。男性裤装以短裤为主，女性则可选择短裙或裙裤（见图 3—48）。

图 3—48　网球服装

网球专用鞋质量轻，以便应付各种折返冲刺的动作；袜子则以厚短袜为最佳选择。帽子、大毛巾、止汗腕带、发带等小配件也应备好。

3. 网球运动的基本规则和记分方法

网球比赛分为单打和双打两种形式。球员用网球拍将球击过网，落入对方的场地上，就这样一来一回，直到有一方将球打出界、击球未过网或没接到球为止。

（1）发球权

网球比赛开始前，双方通过掷硬币或旋转球拍的方法进行猜先，得胜者有优先选择场地或发球的权利。整个比赛中，双方球员轮流发球。

（2）发球

1）发球前的规定。球员在发球前应先站在端线后、中点和边线的假定延长线之间的区域里，用手将球向空中抛起，在球接触地面以前，用球拍击球。

2）发球的位置。每局开始，先从右区端线后发球，得或失一分后，应换到左区发球。

3）发球失误。发球方有两次发球权。发球失误后，应在原发球位置进行第二次发球。

4）发球无效。发球触网后，仍然落到对方发球区域，或者接球员未作好接球准备，均应重发球。

（3）基本规则

网球比赛通常采用五盘三胜制或三盘两胜制。目前国际比赛通用的是三盘两胜制，但男子在大满贯时仍采用五盘三胜制。

网球比赛每盘采用一盘六局制，先取六局者为胜一盘，但遇局数 5：5 时，有长盘制和短盘制两种制度。

长盘制是指一方必须净胜二局才算胜一盘　当今网坛已很少采用。短盘制是指先取七局者为胜一盘，也叫“抢七局”；但遇局数 6：6 时，则需打“决胜局”，一方必须净胜对手两分才算胜出此局，亦即胜出此盘。

双方应在每盘的第 1、3、5 等单数局结束后，以及每盘结束双方局数之和为单数时交换场地。

（4）记分方法

网球原始的记分方法以拨动时钟来记分，每得一次分就将时钟转动四分之一，也就是 15 分。现代网球运动，依旧延续了古老的记分方法，一方每胜一球得 1 分，其中得 1 分记为 15，得 2 分记为 30，得 3 分记为 40，得 4 分记为 60。

比赛时，先胜 4 分者胜一局。如遇双方各得 3 分时，则为“平分”，“平分”后，一方先得 1 分时，为“接球占先”或“发球占先”。占先后须再得 1 分，才算胜一局。

4．网球运动的基本技巧

（1）网球握拍方法

1）东方式正拍握拍法（见图 3—49）。东方式正拍握拍法也称握手式握拍法。这种方法的要领是将右手掌根与拍柄右上斜面贴紧，拇指垫握住拍柄的左垂直面，食指微离中指，食指下关节压住拍柄右垂直面，拇指与食指成“V”形，对准拍柄的右上斜面和左上斜面的上端中间。

2）东方式反拍握拍法（见图 3—50）。从正拍握法把手向左转动（即把球拍向右转动），使拇指与食指成 V 形，对准拍柄左上斜面与左垂直面的中间条线。用手掌根压住拍柄的左上斜面，拇指贴在左垂直面上，食指下关节压在右上斜面上。

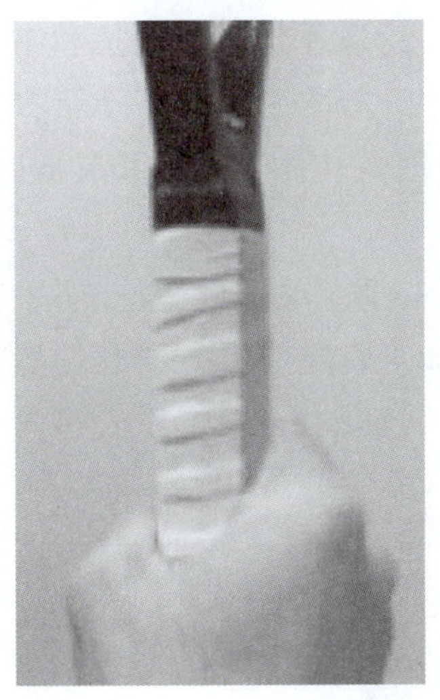
图 3—49　东方式正拍握拍法

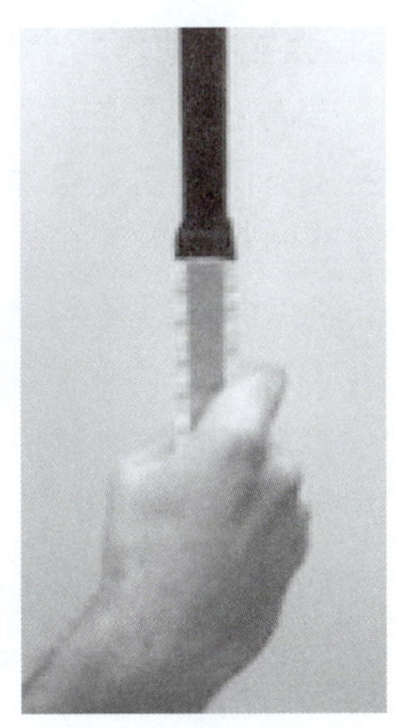
图 3—50 东方式反拍握拍法

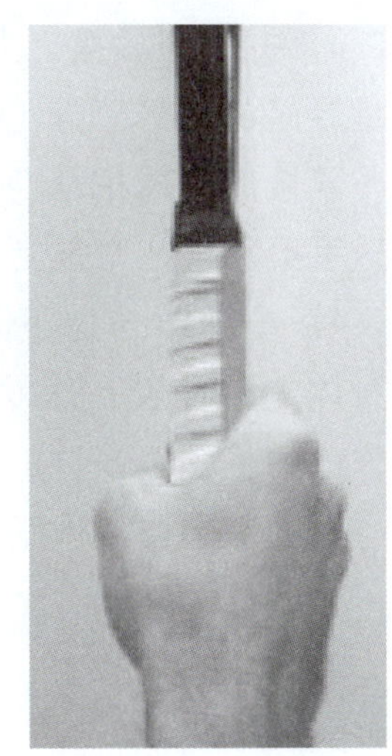
图 3—51　大陆式握拍法

3）大陆式握拍法（见图 3—51）。握拍时用手掌根贴住拍柄上部的平面，食指与其余三指稍微分开，食指上关节聚贴在右上斜面上，拇指垫贴在拍柄的左垂直面上。

（2）网球发球技术

网球发球动作要领如图 3—52 所示。

图 3—52　网球发球动作分解

1）握拍。大陆式握拍法或东方式反拍握拍法。

2）准备要领。全身放松，侧身站立在端线外中场标记旁边（单打），左肩对着左边网柱，面向右边网柱，两脚分开约同肩宽，左脚约与端线成 45°角，右脚约与端线平行，重心在左脚上。左手持球，右手轻托球拍，拍头指向前方，呼吸均匀，精神集中。

3）抛球与后摆。抛球与后摆拉拍动作同步开始，持球手拇指、食指和中指三指轻轻托住球，掌心向上。当球拍向下向后引拍时，持球手同时下降至右腿处，紧接着当球拍从身后向头上方做大弧度摆动，身体做转体、屈膝和展肩时，持球手柔和地在身前上举，直至伸高及头顶。

4）击球。当球下降至击球点时，迅速向上挥拍击球，左脚上蹬，使手臂和身体充分伸展。球发出后，身体向场内倾斜，保持连续向前上方伸展的随挥动作。球拍挥至身体的左侧（美式旋转发球球拍挥至身体的右侧），重心移向前方，做到完全自然地跟进，并保持身体平衡。

知识链接

网球运动的风度与礼仪

1. 初学打网球时肯定会出现满场找球的场面，当球滚入邻场而邻场的球员正在练球时，请耐心等待别人击球结束。

2. 要发球时先看一看对方是否已做好接球的准备，最好将球举起来示意一下。

3. 不要从球网上面跨过，也不要触压球网。

4. 当对方的回球靠近底线时，应主动告诉对方打过来的球是界内、界外还是压线。

5. 球场上不要摔球拍。

6. 正式比赛的时候，应该采取上手发球的姿势，下手发球虽然不被禁止，但是被认为是对对手不尊重的表现。

7. 标准的网球穿戴应该为：男球手穿带领子的半袖T恤衫和网球短裤；女球手穿中袖或无袖上衣配短裙或连衣短裙，特殊情况除外。网球服饰通常以白色为主。

8. 球员发球时，不要用带闪光灯的相机拍照，更不要发出声响。

五、壁球

壁球是一项对墙击球的室内运动，不受季节、天气的限制，参与年龄非常广泛，简单易学，了解基本规则和动作要领就可以上场练习。因此，壁球渐渐成为继羽毛球、网球、台球后又一项热门的大众型康乐健身运动。壁球场已经成为一些星级饭店、度假村的必备康乐设施。

1．壁球运动简介

1830 年前后，英国哈罗公学的学生发明了壁球。当时的学生过着枯燥单调的住校生活，于是，一种对墙击球的室内运动被发明并流行起来。1864 年，第一块专用壁球场地在哈罗公学修建。这也成为壁球运动正式创立的标志。壁球出现于欧洲，后传入美国、加拿大及澳洲，流行于亚洲一些经济发达国家和地区，如新加坡、日本、韩国等。

2. 壁球运动的主要设施设备

(1) 壁球场

世界壁球联合会规定，标准壁球场分单打场地和双打场地两种。

单打场地长 9.75 米，宽 6.4 米，高 4.57 米（见图 3—53）；双打场地长 13.72 米，宽 7.62 米，高 6.1 米。墙面上划有三条水平线，从上向下分别被称为上界线、发球线、下界线。下界线以上的部分称为响板，响板通常由金属片或木板覆盖，以便球击打在上面时发出清脆的声响。现代壁球室后面的墙一般使用强化玻璃做成，以便能使观众透过玻璃观看室内的比赛（见图 3—54）。

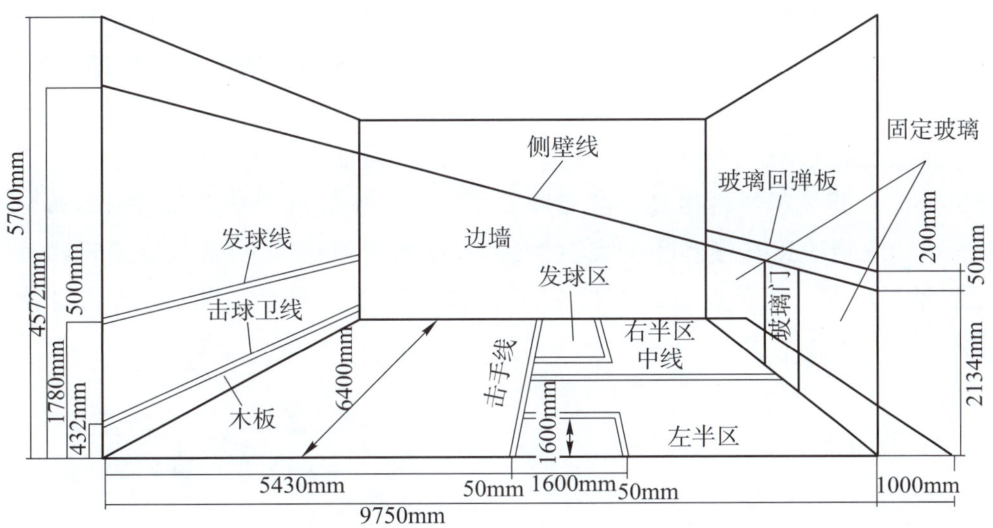

图 3—53 标准壁球场地规格（单打）

(2) 球拍

壁球球拍外形与羽毛球拍相似，大小介于网球拍和羽毛球拍之间，长约 68.3 厘米，拍面最大宽度为 21.5 厘米。与网球拍和羽毛球拍相比，壁球球拍头更小更圆，且拍杆较长（见图 3—55）。

壁球球拍的框架通常用石墨合成物制成，球弦及其末端必须隐蔽在拍头框架内。常见的壁球球拍重量为 110～170 克。

图 3—54　壁球比赛场地

图 3—55　壁球球拍

（3）球

壁球运动所用的球是直径为 3.95～4.15 厘米的充气橡胶球，重量为 23.3～24.69 克，黑色壁球最为常见。壁球内填充有稀有气体，当壁球被击打的时候，其飞行时速约 150 千米。

壁球的弹性有四种，分别用蓝、红、白、黄四种颜色的小圆点标明（见图 3—56），蓝点球弹性最高，红点球适中，白点球较低，黄点球最低，随之对应的球的飞行速度快慢也用蓝点（快速）、红点（中速）、白点（慢速）和黄点（超慢速）标明。双黄点球是专业练习和比赛用球，其他颜色和黄色单点球作为初级练习用球。

图 3—56　壁球

图 3—57　壁球服装

（4）服装

壁球服装一般只要合身、有吸汗功能即可，以网球服装为好，但若使用黑色的壁球比赛，服装颜色必须以浅白色为主（见图 3—57）。

（5）其他装备

防护镜是参加壁球运动必须佩戴的防护用具，主要用于预防运动员被球或球拍击伤眼睛。此外，还要有手套、护头带、护腕等防护用具，这些用具都为参加壁球运动提供安全保障。

3．壁球运动的基本规则和记分方法

（1）比赛方法

壁球主要是单打对抗比赛。比赛的制式可采用“五局三胜制”或“三局两胜制”。每局的制式有美式和英式两种，美式是 15 分制，英式是 9 分制。

1）美式 15 分制。采用美式 15 分制时，先得 15 分者胜。打到 14 平时，持球方可在下一次发球前选择加赛分数，即加赛 1 分至 15 分结束，加赛 2 分至 16 分结束，加赛 3 分至 17 分结束。在第一种选择下，先胜出对手 1 分者胜；在第二种选择下，先胜出对手 2 分者胜；在第三种选择下，先胜出对手 3 分者胜。持球方在做出选择后应明示裁判、记分员和对手。

2）英式 9 分制。采用英式 9 分制时，先得 9 分者胜。如果打到了 8 平，先得 8 分的球员可以选择打 2 分（共 10 分）或照原本记分法打 1 分，以 9 分终局。国际性的比赛一般采用英式 9 分制，必须先获得发球权才可以得分。

（2）记分方法

当一方球员击出一个正常的球后，另一方球员未能接住，则击出正常球的一方为“获胜”。只有发球方获胜才算得分，即发球员获胜该球后才可取得 1 分；若接球方获胜，则得到发球权并转为发球方。

（3）发球权

第一局的发球权是以转动球拍的方式来确定的。其方法是：裁判员一只手托住拍柄中间位置，另一只手纵向快速转动球拍，并让球拍依靠惯性连续转动，当球拍自然停止转动时，按其商标面的方向决定首轮发球权。也可以采用掷硬币的方法确定发球权。取得发球权的一方得胜，该球才能算得分，若失误，对手得胜不记分，只取得发球权。

（4）发球

发球区分左、右边，发球一方可以选择在右后场或左后场发球。当发球方第一次在左方发球区得胜后，必须转换至右方发球区发球，再得胜后换至左方发球，直至一局胜利。

若发球方失误，由对方取得发球权，可重新选择在左边或右边发球，发球得分后，必须再换边发球，依此类推。谁先胜一局，第二局发球权就归谁。

发球方在发球的一刻，必须以一只脚踏在发球区内（不能踏线），将球直接发至前墙发球线以上、界外线以下，并反弹至另一方后场四分之一球区内，才算有效。

（5）发球后

1）每一个有效的击球必须接触前墙一次，接触点应在底界线之上和边界线之下。

2）每一个击球必须在球弹离前墙后，未触地板前，或首次弹离地板后击出。

3）在比赛过程中，壁球击中边界线、底界线等均被判为出界。

4）若发球一方击球失误或未能回接对手所打出的好球，发球权则转给对手。同样，若接发球球员击球失误或未能回接发球一方所打出的好球，则发球一方将获得 1 分。

4．壁球运动的基本技巧

（1）握拍方法

1）正手握拍法。左手先握住球拍颈部，使拍面与地面垂直，右手虎口对正拍柄右上侧楞，拇指环绕球拍柄至与中指接触，大鱼际和小鱼际贴在拍柄上面，食指向上一些，与中指分开，无名指和小指附于拍柄上面（见图 3—58）。

图 3—58　正手握拍法

2）反手握拍法。在正手握拍的基础上，左手向顺时针方向转动球拍，使右手虎口对准拍柄左上侧楞。反手握拍时，应注意拇指与中指紧扣，食指与中指间预留一指的空间，手腕不应放松下垂，保持球拍头高于手腕。

（2）基本姿势

两脚自然开立，与肩同宽，两膝微屈，重心放在双脚掌，上体略前倾，双手持拍置于腹前，采用正手握拍方式。目视对手及来球路线，判断其击球意图，对来球方向、速度及力量做出预判。同时，双脚可不停地轻微跳动，使身体重心随时可以向任何方向启动。

（3）基本站位

壁球单打比赛中，运动员在场上的基本站位一般在接发球线与后壁之间（T 位）。

知识链接

壁球运动的风度与礼仪

1. 进场

进场时，如果已经有人在场内热身，要在对方击球间歇时才能开门进场。这样既表示对对方的尊重，也避免开门时发生意外；同样，在场内练球时，如果发现有人想进来，也要主动停止练球。

2. 热身

赛前热身一般都是二人交替击球。一方可以连续练习，但击打一会后应该把球打给对方，不能长时间单练而把对手晾在一边，要注意使双方热身的练球时间大致相等。

3. 比赛

比赛时注意避让，不要犯规，当球出界或发球低于发球线时，应主动举手示意。

4. 退场

比赛结束时，要主动与对方握手。只有比赛真正结束时才能握手，如果只是场间休息，则不必握手。退场时，得胜的一方应主动拉开玻璃门，让对手先走出去，然后自己再退场。

六、健身房

现代人由于工作繁忙等原因，很难有机会到户外从事健身运动，多功能的室内健身房很受都市白领和商务人士的青睐。健身房不仅有齐全的器械设备和健身项目，还有专业的教练进行指导，有良好的健身氛围。在健身房不仅能锻炼肌肉，塑造形体，也扩大了人们的交际范围。因此，健身房是人类物质文明和精神文明高度发展的产物，也是人们精神文化生活水平提高的必然需求。一般而言，健身房（见图 3—59）属于星级饭店的必备项目。

图 3—59　健身房

1．健身房的特点

（1）综合性强

健身房集多项运动于一体，具有较强的综合运动特点，能够提供科学、齐全、安全的体育训练设备，使训练者在汗水的挥洒中锻炼体魄、解除精神压力、容光焕发，具有显著的强身健美功能。

（2）占地面积小

健身房的大部分器械如跑步机，具有模拟运动的特点，因此每项运动所需要的场地都比较小，并且有的器械还具有整合多项运动的特点，例如多功能训练器，对于提高场地利用率十分有利。

（3）适应性强

由于健身房器材种类多，运动量、运动速度都可调节，对于不同体质、年龄、性别的人都很适用，各类人都能找到与自身体质相适应的运动项目进行锻炼。

2．健身房的功能布局和设备使用

（1）体能测试中心

一个标准的健身房，都必须有配备体能测试仪器的体能测试中心，让顾客在锻炼前能对自己的体能、体质状况有所了解，以便更有效地制订相应的运动训练计划，避免不必要的伤害。体能测试中心的仪器主要有以下几种：

1）身体柔软度量度器。身体柔软度量度器是度量人体柔软度的一种仪器，运动前测试身体柔软度，可避免运动训练时意外受伤。

2）肺功能分析仪。肺功能分析仪是利用计算机准确测量肺活量的仪器。

3）脂肪测量仪。脂肪测量仪可利用先进的激光技术，迅速而准确地分析体内脂肪、水分及肌肉分布。

4）电子心率显示仪。利用电子心率显示仪，独立的胸部感应带能传送心率至显示腕表。

5）心率、血压及体重组合仪。心率、血压及体重组合仪可测量心率、血压及体重，提供健身前后的比较表。

（2）伸展区

伸展区设在健身房入口处，以便顾客健身前进行热身及舒展活动。

（3）健美体操室

健美体操室（见图3—60）地面采用枫木铺设，内置音箱和弹簧设备，使地台随着音乐节拍跳动。同时配备标准的空调设备、墙身镜、柔和灯光、室内电视系统及饮水机等，还有哑铃、舞板、软垫、按摩器等简单的健身器材。

图3—60 健美体操室

健美运动包括有氧舞蹈、地板运动、伸展运动、韵律操、瑜伽等。这些运动通过各种身体动作的编排和一定的训练强度，使呼吸及心跳加快、血液含氧量提高，以满足全身肌肉对氧气的需求，达到消耗身体中的多余脂肪、提高心肺功能、增强肌肉柔韧性、改善体形的目的。

（4）健身器材区

健身器材区是为顾客提供各种类型的器械设备，辅助进行心肺功能训练、肌肉训练和力量训练的区域。常见的健身器材有以下几种：

1）跑步机。跑步机（见图 3—61）是根据标准的跑步姿势设计的，让人在特定的滚动皮带上跑步的设备。跑步机可设置不同的皮带阻力，并用程序来模拟不同的地形和道路状况，锻炼腿部肌肉和心肺功能。

2）自行车练习器。自行车练习器又叫动感单车（见图 3—62），是模仿自行车制造的固定在健身房地面上的训练设备。该设备可以设置不同的阻力，模仿天然的道路，练习者可以自由选择地形，像在户外骑车那样进行运动，锻炼腹部和腿部肌肉。

图 3—61　跑步机

图 3—62　自行车练习器

3）健骑机。健骑机是一种模拟马奔跑时的各种速度和颠簸状态的器械，练习者需以腿部和腹部力量来适应这种颠簸并保持身体的平衡。

4）划船机。划船机（见图 3—63）是模拟划船运动的一种锻炼机械。与其他运动器械相比，划船机可以更多、更有效地消耗人体的热量，增加呼吸量，使运动者在更短的时间内减轻体重，加强肌肉，还可以有效地锻炼手臂、腿部和腹部力量。

图 3—63　划船机

图 3—64　台阶练习器

5）台阶练习器（登山机）。台阶练习器（见图 3—64）是模拟登山或上楼梯而设计的锻炼器械，由一高一低两只脚踏板、安全扶手和显示屏幕组成，能显示运动次数和消耗能量等。

6）多功能综合练习器。多功能综合练习器（见图 3—65）是一种多功能、组合型、占地小的体育健身器材，深受顾客的欢迎，是健身中心必备的器械。

多功能综合练习器适用于多种力量的训练，通过动作件、钢丝绳、滑轮、重量调节块等把背肌伸展练习器、蝴蝶式胸肌练习器、二头肌训练器、三头肌训练器、腿部练习器、力量辅助上身练习器等综合在一起，锻炼局部肌肉力量，使锻炼者体形更加健美。

图 3—65　多功能综合练习器

（5）配套设施设备

1）体重秤。

2）播放示范动作的影音系统。

3）休息区，并配饮水机。

4）四周墙壁适当位置应悬挂立镜，最好配有山水风光画和绿色植物。

5）有与接待能力相匹配的更衣室、淋浴室、卫生间。

另外，健身房应尽量与桑拿浴室、游泳池、按摩室、美容中心等设计在一起，相互配套，促进销售。

3．健身房环境设计与布局要求

（1）健身房内器械设备要求

健身器材设备不少于5种，且摆放整齐，位置适当，使锻炼者有足够的活动空间；器材设备性能良好，用途明确；需要配备体重秤、软皮尺、肌肉力量测试仪、血压计、肺活量计等；各种健身器材设备始终保持完好、安全，其完好率应达到100%；健身器材设备若有损坏或故障，应立即停止使用并及时维修。

（2）配套设施要求

健身房旁边要有与接待能力相匹配的男女更衣室、淋浴室和卫生间；更衣室配带锁的更衣柜、挂衣钩、衣架、鞋架与长凳，有安全提示，提醒宾客保管贵重物品；淋浴室各间互相隔离，配冷热喷头和浴帘；卫生间配隔离式抽水马桶、挂斗式便池、梳洗台、大镜及吹风机等卫生设备；墙面、地面上应铺瓷砖或大理石，地面有防滑措施，照明设施运行正常，照明充足，备有饮水机与水杯。

知识链接

健身房中的风度与礼仪

1. 不要在有氧操课中接听电话。
2. 不要长时间坐在器械上聊天，以免影响他人使用。
3. 使用器械后应用毛巾将自己的汗渍擦净，方便他人使用。
4. 有氧课程开始前5分钟进入教室，尽量避免课程开始后进入教室和课程结束前离开教室，这是为了确保健身的安全性和有效性，也是对教练和其他会员的尊重。
5. 男性尽量不要裸露上身进行训练。
6. 注意保持室内清洁，不得乱扔垃圾，禁止在室内吃任何食品。
7. 按说明书要求正确使用健身器械，防止使用不当造成安全事故。
8. 爱护健身器械，要做到轻拿轻放，避免发生撞击声，不得乱用、蛮用健身器械。

七、游泳

游泳是所有康体健身运动中最受人们喜爱的运动之一，能够很好地促进身体新陈代谢。早在1997年国家旅游局出台的《旅游涉外饭店星级的划分及评定》国家标准中就明确要求四星级饭店必须有游泳池，2010 年新颁布的《旅游饭店星级的划分与评定》国家标准中也明确规定了饭店中游泳池设置的具体标准。实际上，很多三星级饭店及度假村也都建有游泳池。

1．游泳运动简介

远古时代，居住在江、河、湖、海一带的人为了生存，要在水中捕捉水鸟和鱼类作食物，他们通过观察和模仿鱼类、青蛙等动物在水中游动的动作，逐渐学会了游泳。

现代游泳在产生和发展过程中，逐渐形成了自由泳、仰泳、蛙泳和蝶泳等不同的泳姿，并且成为现代人康体健身的重要项目之一。

2．游泳场地的类型

根据饭店场地的情况，游泳池大小不一，形状各具特色，常见的游泳池有以下几种：

（1）室内游泳池

室内游泳池（见图 3—66）是饭店游泳健身设施中最普遍的一种游泳池类型，它不受季节和天气的影响，任何时间都能开放。室内旅游池顶棚与墙面多采用大面积玻璃，采光良好、环境舒适，而且饭店中的室内游泳池在设计时还考虑到顾客不必经由大堂或其他公共场所即可到达，隔绝了与饭店外界的一切通透视线，因此很受欢迎。

饭店的室内游泳池最小不小于 40 平方米，可以设计成长方形、圆形、椭圆形和各种自由形状，但无论何种形状都必须注意保证顾客安全。室内游泳池对水温、室温和光线等都有所要求，通常情况下，游泳池的水温在冬天一般控制在 25℃左右，室温一般高于水温 1～2℃。此外，游泳池内饮料用杯必须采用塑料材质，以保证顾客安全。

图 3—66　室内游泳池

图 3—67　室外游泳池

（2）室外游泳池

饭店中的室外游泳池（见图 3—67）大多与周围的环境协调一致，很受度假型顾客青睐。室外游泳池没有室内游泳池那种憋闷感，视野比较开阔，空气比较清新，对锻炼身体的益处更大，因而受到很多人的欢迎。室外游泳池受季节、天气变化的影响较大，一般在我国南方饭店中比较常见，可以春、夏、秋三季使用，而在北方，室外游泳池一般只能在夏季使用。室外游泳池旁应有餐饮服务设施、游艺室和休息室等。

一些高级饭店或度假型饭店还设有室外天然游泳池，一般选择在环境幽雅，没有污染，尤其是没有水污染的水域，可以在海滩、湖泊、天然泉水、江河、激流等日照充分、树木较少的地带，周边还应有一定范围的平坦地面，可以作为日光浴的场地。

（3）室内外综合型游泳池

这是一种高级豪华型游泳池，投资和维护费用都比较高，兼有室内、室外游泳池的优点，既方便保持温度和卫生，又可以充分享受大自然的清新和情调。这种游泳池有两种形式，一种是将一部分游泳池建在室内，另一部分建在室外，顾客可在室内外自由往来，尽情享受两种环境。另一种是根据天气的变化和顾客的要求，通过控制系统开启或关闭天棚将游泳池变为室外游泳池或室内游泳池。

（4）戏水池

戏水池（见图 3—68）是近年来迅速发展起来的一种水上娱乐设施，具有游泳池的属性，但比游泳池更富有娱乐性，更受大众消费者的青睐。在戏水池里可以游泳、冲浪、漂流、坐水滑梯、嬉戏海浪等，还有进行与水有关的其他康乐项目。

图 3—68　戏水池

3．游泳运动的设施设备

（1）游泳衣裤

男性通常穿着游泳短裤，女性通常穿泳衣。游泳衣裤必须合身，如果太大，在游泳时容易兜水，以致加大身体负重和阻力，影响游泳动作的协调（见图 3—69）。

（2）泳帽、泳镜

游泳时应戴泳帽（见图 3—70），特别是女性，因为泳帽可以防止头发散乱，还可以防止头发变黄。泳帽应选带可自动调节松紧的尼龙制品或橡胶制品，不能太大，否则容易脱落。

图 3—69　游泳衣裤

图 3—70　泳帽、泳镜

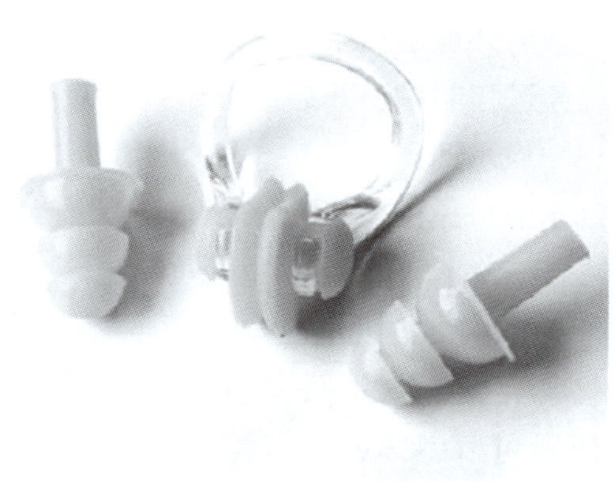

图 3—71　耳塞、鼻夹

游泳时如果水质不干净，细菌很容易进入眼内，导致各种眼部疾病。为了预防眼部疾病，需要戴泳镜游泳。对于初学游泳的人来说，戴泳镜还可以纠正在水中睁不开眼睛的毛病。

（3）耳塞、鼻夹

游泳时，水流入耳朵是难以避免的。耳朵进水后很不舒服，有时会引起疼痛，甚至影响听力。为了防止水进入耳朵，应备有耳塞。初学游泳者，为了防止水进入鼻孔，最好准备一个鼻夹，它可以强制人用嘴吸气，而不用鼻吸气，避免呛水（见图 3—71）。

（4）浮体物品

初学游泳者，最好自备一些浮体物品，例如救生圈（衣）、泡沫塑料、浮标、打水板、浮袖等。使用这些自备物品时，要注意检查有无漏气，以防发生事故。

（5）浴巾、拖鞋

浴巾和拖鞋是游泳者必备的用品。在游泳的间歇或游完后上岸时，用毛巾擦干身体，披上浴巾，穿上拖鞋，既可以保暖，防止感冒，又比较卫生。在冬泳时，浴巾和拖鞋更是不可缺少。

4．游泳运动的常见泳姿

（1）蛙泳

蛙泳（见图 3—72）是因动作像青蛙游水而得名的。蛙泳是身体俯卧水中，两肩与水面平行，依靠两臂对称向后划水，两腿对称向后蹬夹水而向前游进的姿势。因为蛙泳动作对称，间歇性强，大腿肌肉群充分活动，所以游得远且能保持一定的速度，省体力又能负担较大的重量，是一项重要的实用游泳技能。

（2）爬泳（自由泳）

爬泳（见图 3—73）是因其动作像在水中爬行而得名的。爬泳时两腿交替上下打水，两臂轮流划水，动作很像爬行，所以人们称之为“爬泳”。爬泳是四种竞技游泳技术中速度最快的一种泳姿，在游泳比赛的自选项目中（不规定泳姿的比赛），运动员都采用这种姿势，所以人们通常称之为“自由泳”。

图 3—72　蛙泳

图 3—73　爬泳（自由泳）

（3）仰泳

仰泳（见图 3—74）是人体仰卧在水中，两臂轮流向后划水进行游泳的一种泳姿。仰泳技术由于头部露出水面，呼吸方便，而且躺在水面上，比较省力，因此深受中老年人和体质较弱者喜爱。

（4）蝶泳

蝶泳（见图 3—75）是在蛙泳动作基础上演变而来的，采用两臂划水到大腿后提出水面，再从空中迁移的技术，从外形看好像蝴蝶展翅飞舞，所以人们称之为“蝶泳”。蝶泳是仅仅比自由泳速度慢的泳姿。

图 3—74　仰泳

图 3—75　蝶泳

知识链接

游泳运动的风度与礼仪

1. 不要在游泳池边奔跑嬉戏，尤其是儿童，要小心地面湿滑。
2. 不要坐、卧在水道绳（消波绳）上，那是分隔水道及消波用的。
3. 若同一水道有多人使用时，请保持同一游进方向，通常都是靠右行。
4. 尽量不要横游或横越水道，以免影响他人。
5. 通常泳池会划分出一些水道来迎合各种需求，如教学区、练习区、快游区等水域，应根据需求选择适合自己的区域游泳。
6. 进入泳道时，应先由泳道角落滑入，并站立一会儿，不要用跳水的方式进入。
7. 跟游时，最好保持 5 秒以上的间距，如果有人要超越，可靠向水道线边，让出中间部分。
8. 做短暂休息停留或在池壁两端时，应尽量靠向泳道的旁边，留出可让人转身的空间。

第二节　康体健身项目的岗位设置与职责

饭店中康体健身项目的设置，多数是以满足顾客锻炼身体、放松心情的要求为目的，因为对康乐服务人员的要求也主要集中在服务技能和服务态度方面。

康体健身项目服务的基本要求是由康体健身项目的特点决定的，康乐管理和服务人员应根据康体健身项目特有的服务需求，策划、设计、安排、组织、落实对顾客的接待服务工作，使顾客满意。康体健身项目通常设主管、领班、接待员、服务员等岗位，此外，不同的康体健身项目还根据各自的不同特点，设置有不同的岗位。

一、台球室

康乐部在台球室设立的主要工作岗位，一般有台球室主管、领班、服务员等，有的台球室还配有教练员，具体如下：

1. 台球室领班的岗位职责

台球室领班应具有较丰富的台球专业知识和人事管理、物资管理、设备管理知识，受过台球专业管理培训，懂得台球相关设施设备的日常维护保养方法，有较好的文字能力和语言表达能力。台球室领班的具体岗位职责如下：

(1) 负责制订台球室的工作计划和营利计划，负责台球室日常管理工作。

(2) 安排下属员工的排班，负责布置服务员的工作任务。

(3) 检查员工的仪容着装、劳动态度和工作效率，准确记录员工的考勤情况。

(4) 检查台球室营业场地、机器设备的卫生状况和安全防范工作，并将检查的情况进行详细记录。

(5) 督导员工按操作规程合理使用和保养设备，定期检查台球室设备设施使用和保养情况，如有损坏必须立即报修，并对维修结果进行检查，确保设备的良好运行。

(6) 维护台球室的正常营业秩序，排解顾客之间的纠纷；受理台球室顾客的投诉，并及时进行处理，保证营业活动的正常开展。

(7) 负责台球室的物品领用，填写领用单，经康乐部经理批准后，向仓库领取并做好保管工作。定期向康乐部经理提出台球室营业用品的申购计划。

（8）负责每日召开班前布置会和班后总结会，认真总结服务经验，写好工作记录，严格执行交接班制度。

（9）贯彻执行上级的指示，保持信息沟通，完成康乐部经理交办的其他工作。

2．台球室服务员的岗位职责

台球室服务员应具有台球服务知识和技能，能够为顾客提供满意的服务，懂得台球的记分方法、比赛规则和裁判知识，具有一定的台球技术水平。台球室服务员的岗位职责具体如下：

（1）负责台球室营业前设施设备和其他物品的准备工作，对设施设备进行营业前检查。

（2）根据顾客人数安排球桌，准确记录顾客姓名、房号（饭店宾客应登记房号）、台球桌号、运动时间。负责台球室的接待服务工作，包括领位服务、茶点服务、结账服务，以及顾客在台球室消费期间的其他服务工作。

（3）根据顾客需求，介绍有关台球的知识或进行技术动作示范，帮助顾客摆台、选杆并保管好顾客的物品。

（4）顾客打球过程中，为初学者提供讲解、示范，并及时提供其他需要的服务，掌握顾客心理和陪练输赢分寸，以提高顾客兴趣为原则。

（5）能够称呼常客和回头客的姓名或职衔，服务周到，态度和蔼；遇到顾客有刁难或不友好的行为，要不卑不亢、彬彬有礼，并及时向领班汇报。

（6）负责台球场地和设施设备的清洁、维护、保养工作，能对设施设备进行一般性维修。

（7）负责酒水、饮料的推销服务。

（8）认真做好台球室营业期间的消防、安全防范工作，注意观察，发现问题及时汇报。

（9）能够及时处理台球室发生的各种突发事件。

二、保龄球馆

康乐部门在保龄球馆设立的主要工作岗位，一般有保龄球馆主管、领班、服务员等，还配有机械维修技师，具体如下：

1．保龄球馆领班的岗位职责

保龄球馆领班要具有较丰富的实际操作经验，熟悉保龄球运动的发展趋势和有关规则，掌握保龄球运动的各种技术、技巧和顾客的心理，受过保龄球专业管理培训，懂得保龄球设施设备的日常维护保养方法。保龄球馆领班的具体岗位职责如下：

（1）负责制订保龄球馆的工作计划和营利计划，以及保龄球馆球道、球具的保养计划。

（2）制订保龄球馆员工岗位技能培训计划，按照计划对员工进行业务培训，不断提高其服务技能。

（3）督导保龄球馆日常工作，安排下属员工的排班，负责布置服务员的工作任务。

（4）检查员工的仪容着装、劳动态度和工作效率，准确记录员工的考勤情况。

（5）检查保龄球馆营业场地、设施设备的卫生情况及安全防范工作，并将检查结果进行详细记录。

（6）督导员工按有关操作规程合理使用和保养设备，定期检查保龄球道、球具等的使用和保养情况，如有损坏必须立即报修，并对维修结果进行检查，确保设备的良好运转。

（7）维护保龄球馆的正常营业秩序，排解顾客之间可能发生的纠纷，受理保龄球馆顾客的投诉，并及时进行处理，保证营业活动的正常开展。

2．保龄球馆服务员的岗位职责

保龄球馆服务员要具有强健的体魄，能长时间站立服务，同时要熟悉场地内各种器材、设备的结构、性能、特点和工作原理，具有较高的保龄球运动水平。保龄球馆服务员具体的岗位职责如下：

（1）掌握保龄球服务的特点和服务规程，负责顾客的预订、开单和接待服务工作。

（2）做好营业前的各项准备工作，检查并补齐营业用品，对设施设备进行营业前的安全检查。

（3）熟练操作保龄球馆内的各种设施设备，并会排除一般性故障。

（4）负责保龄球场地和设备的清洁、保养工作。

（5）根据顾客需要给予适当的技术咨询或指导，及时纠正顾客不正确或危险的动作。

（6）具有较高的保龄球运动水平，出球动作标准、规范。能够清楚、明确地向顾客讲解保龄球运动记分方法、比赛规则和技法。

（7）向顾客提供饮品，并能够适时地推销酒水和休闲食品。

（8）负责保管顾客物品。

（9）负责公用保龄球鞋的保管与消毒工作。

（10）及时处理保龄球馆发生的各种突发事件。

（11）顾客消费完毕，通知收银员结账，并引导顾客交回租用物品。

（12）认真执行交接班制度，做好交接班记录。

3．保龄球馆维修技师的岗位职责

保龄球馆维修技师需要持有专业证书且具有一定的实践经验，熟悉场地内各种器材、设备的结构、性能、特点和工作原理，能够维修和保养保龄球器具及设施。保龄球馆维修技师的具体岗位职责如下：

（1）负责保龄球设备的保养和维修．按计划做好例行保养和维修工作，日常营业中应及时排除设备出现的故障。

（2）认真钻研技术，不断提高维修水平，能准确、迅速判断故障并尽快排除故障。

（3）工作态度认真，主动巡视、保养、检修、调试设备，以防患于未然。

（4）自觉遵守规章制度，上班时间不脱岗、不串岗，不做与工作无关的事。

三、高尔夫球场

康乐部在高尔夫球场设立的主要工作岗位，一般有高尔夫球场主管、领班、服务员、球童等，具体如下：

1．高尔夫球场领班的岗位职责

高尔夫球场的领班要受过高尔夫专业管理培训，懂得高尔夫球场各种设施设备的使用和日常维护保养方法，熟悉高尔夫球规则。高尔夫球场领班的具体岗位职责如下：

（1）负责制订高尔夫球场的工作计划和营利计划，以及员工岗位技能培训计划。

（2）编排服务员、球童的排班，负责布置服务员、球童的工作任务。

（3）负责检查高尔夫球场经营活动中的对客服务和接待工作，督导员工为顾客提供优质服务。

（4）检查高尔夫球场的卫生情况及安全防范工作，并将检查结果进行详细记录。

（5）负责高尔夫球场设施、设备及球杆的使用管理工作，定期检查保养情况。如有损坏必须立即报修，并对维修结果进行检查，确保设施、设备的良好运作。

（6）维护高尔夫球场的正常营业秩序，协助排解顾客之间可能发生的纠纷，受理高尔夫球场顾客的投诉，并及时进行处理，保证营业活动的正常开展。

（7）负责高尔夫球场的物品领用，填写领用单，经康乐部经理批准后，向仓库领取并做好保管工作。定期向康乐部经理提出高尔夫球场营业用品的申购计划。

2．高尔夫球场服务员的岗位职责

高尔夫球场的服务员要具有较强的人际关系处理能力，善于处理与顾客之间的关系，懂得维护和保养高尔夫球器具及场地设施。高尔夫球场服务员的具体岗位职责如下：

（1）负责球场及服务台的卫生工作，保证环境清洁、整齐。

（2）及时准备服务用品，布置好球场有关器具。

（3）热情待客，主动介绍球场规则并提供有关技术指导。

（4）经常检查各种客用品是否损坏，及时解决设备问题。

（5）向顾客提供饮料和其他物品，并能够适时地推销。

（6）坚守工作岗位，严格执行球场规则，注意观察顾客动态，确保顾客安全，劝阻无关人员的参观、游览。

3．高尔夫球场球童的岗位职责

高尔夫球场球童应熟悉高尔夫球规则和用具的使用，熟悉高尔夫球服务规范和技能技巧，懂得高尔夫球常用术语，熟练驾驶球车，具有良好的服务意识和职业道德。高尔夫球场球童的具体岗位职责如下：

（1）帮助顾客选球杆，并为顾客打球提供建议。

（2）耐心解答顾客的询问，并提供标准、规范的动作示范。

（3）根据顾客需要，给予适当的技术咨询或指导，为顾客提供陪练服务。

（4）为顾客提供保管球包、开球车、捡球、递球杆、递毛巾和递水等服务。

（5）维持球场秩序，确保球场秩序良好。

（6）顾客不适或发生意外时，能够及时采取急救措施，及时处理高尔夫球场发生的突发事件。

四、网球场、壁球场

康乐部在网球场、壁球场设立的主要工作岗位，一般有网球场、壁球场主管、领班、服务员等，具体如下：

1．网球场、壁球场领班的岗位职责

网球场、壁球场领班要求受过网球、壁球专业管理培训，懂得网球场、壁球场的管理，有较丰富的实际操作经验。懂得网球场、壁球场设施设备的日常维护保养方法。网球场、壁球场领班的具体岗位职责如下：

（1）负责制订网球场、壁球场的工作计划和营利计划，负责网球场、壁球场的日常管理工作。

（2）安排下属员工的排班，负责布置服务员的工作任务。

（3）负责检查网球场、壁球场经营活动中的对客服务和接待工作，督导员工为顾客提供优质服务。

（4）检查员工的仪容仪表、劳动态度和工作效率，准确记录员工的考勤情况。

（5）检查网球场、壁球场营业场地、器具的卫生情况及安全防范工作，并将检查结果进行详细记录。

（6）定期检查网球场、壁球场设施、器具使用和保养情况，如有损坏必须立即报修，并对维修结果进行检查，确保正常使用。

2．网球场、壁球场服务员的岗位职责

网球场、壁球场服务员要能够根据服务工作规范和服务程序，熟悉网球、壁球的记分方法、比赛规则，能够为顾客示范网球、壁球的基本技术，能较长时间地进行体育运动，懂得维护和保养网球、壁球器具及场地设施设备的方法。网球场、壁球场服务员的具体岗位职责如下：

（1）负责预订、开单、接待服务工作。

（2）做好营业前的各项准备，检查并补齐营业用品。

（3）提醒顾客做好运动前的各项准备工作，并向顾客讲明注意事项，请顾客注意安全。根据顾客需要提供适当的技术咨询、指导或陪练服务，能指导顾客进行击球训练。

（4）在顾客休息时，向顾客提供饮品，并能够适时地推销饮料和休闲食品。

（5）负责提供球拍、球、球鞋及有关体育器材的租用服务。

（6）负责球场及休息室等场地的清洁工作，保持球场整洁，空气清新，符合质量标准。

（7）执行球场规则，注意顾客安全，劝阻无关人员的参观、游览。

（8）负责设备设施的清洁、维护、保养工作，能进行一般性维修。

（9）掌握顾客动态，有特殊问题及时上报。

五、健身房

康乐部在健身房设立的主要工作岗位，一般有健身房主管、领班、服务员、教练员等，具体如下：

1．健身房领班的岗位职责

健身房领班要具有健身房营业管理知识，以及人事管理、组织管理、物资管理、设备管理知识，熟悉健身器械操作规程，懂得设施设备的日常维护保养方法；能妥善处理上下级和班组成员间的关系，能正确处理顾客投诉，与顾客保持良好的关系。健身房领班的具体岗位职责如下：

（1）负责制订健身房的工作计划和营利计划，负责健身房日常管理工作。

（2）根据市场调查及顾客需求．做好健身房的课程安排计划，制订促销、活动计划。

（3）做好健身房会员的档案管理工作，定期调查会员对健身课程的满意程度，并以报告形式上交康乐部经理。

（4）安排员工的排班，负责布置和协调服务员、教练员的工作任务。

（5）巡视健身房各区域的基本情况，负责检查健身房经营活动中的对客服务和接待工作，督导员工为顾客提供优质服务。

（6）检查健身房营业场地、器材设备的卫生情况及安全防范工作，并做详细记录。

（7）督导员工按有关操作规程合理使用和保养设施设备，定期检查设施设备的使用和保养情况，如有损坏须立即报修，并对维修结果进行检查，确保设施设备的良好运转。

（8）维护健身房的正常营业秩序，劝阻顾客的违规行为和不文明举动，受理健身房顾客的投诉，并及时进行处理，保证营业活动的正常开展。

2．健身房服务员的岗位职责

健身房服务员要掌握健身房服务程序、服务规范及服务技能，熟悉各种健身设备的性能、使用方法、保养方法和注意事项，能够根据健身活动服务工作规范和服务程序，为顾客提供优质的接待服务。健身房服务员的具体岗位职责如下：

（1）负责健身房的接待服务工作，包括登记、开单、结账服务等。

（2）负责健身房营业前器材和其他物品的准备工作，对健身设施设备进行营业前的安全检查。

（3）热情周到地为顾客服务，根据顾客需求介绍健身项目的特点、健身器械的使用方法，并示范各种器械动作；及时劝阻顾客的违规行为，确保顾客安全。

（4）密切关注顾客在健身过程中的身体状况，发现异常情况应及时采取紧急措施。

（5）负责健身房场地、更衣室、淋浴室和健身器材的清洁工作。

（6）负责健身器材的检查、报修、保养工作；经常擦拭健身器材，保持器材洁净，对出租或收回的健身器材要认真检查质量。

（7）收集健身房会员的情况，配合领班做好会员的资料管理工作。

（8）在顾客休息期间为顾客提供饮品和休闲食品等消费服务。

（9）完成上级交办的其他工作任务。

3．健身房教练员的岗位职责

健身房教练员要熟练掌握各种健身设施和器械的功能和使用方法，具有组织管理能力和健身指导能力。健身房教练员的具体岗位职责如下：

（1）编排训练课程，或根据顾客要求为其定制个性化的训练课程。

（2）在指导顾客健身的过程中随时收集顾客的反馈信息，提出课程修改方案。

（3）认真做好健身服务的教练、示范、指导工作。

（4）随时纠正顾客在健身过程中的危险动作和错误动作。

（5）配合服务员对健身器材进行保养。

（6）严格执行健身房的各项规定，协助其他员工对健身房进行安全管理，保护顾客的安全。

六、游泳池

康乐部在游泳池设立的主要工作岗位，一般有游泳池主管、领班、服务员、救生员等，有的还配有专门的水质净化员，具体如下：

1．游泳池领班的岗位职责

游泳池领班应受过游泳池管理专业培训，熟悉游泳池管理的各项规章制度，熟悉游泳池各岗位的工作，并掌握一定的救护技术。游泳池领班的具体岗位职责如下：

（1）负责制订游泳池的工作计划和营利计划，负责游泳池日常管理工作。

（2）检查游泳池营业场地、更衣室的卫生情况及安全防范工作，并做详细记录。

（3）督导员工按有关操作规程合理使用和保养游泳池相关设施设备，定期检查设施设备的使用和保养情况。

（4）督导员工做好游泳池水质的净化和消毒工作。

（5）经常对员工进行相关规章制度的培训，做好员工的考核评估工作。

（6）贯彻执行上级的指示，保持信息沟通，完成康乐部经理交办的其他工作。

2．游泳池服务员的岗位职责

游泳池服务员要熟悉游泳池的各项规章制度，具有游泳池服务知识和技能，能够为顾客提供游泳技术指导并指导顾客正确使用游泳池内的各项设备设施。游泳池服务员的具体岗位职责如下：

（1）熟悉游泳池服务特点和服务要求，负责游泳池顾客接待服务工作。

（2）负责游泳池营业前的物品补充工作，对设施设备进行营业前的安全检查。

（3）热情周到地为顾客服务，指导顾客做好入池前的各项准备工作，提醒顾客注意安全，对不会游泳者可进行技术指导。

（4）维持游泳池的正常秩序，关注游泳池内的动向，确保顾客的人身安全；

礼貌劝阻顾客违反规则的行为和闲杂人员入内游玩、拍照。

（5）负责游泳池各项设施设备的维护保养工作。

（6）负责游泳池营业场地、更衣室、淋浴间的清洁工作。

（7）负责推销饮料、休闲食品、游泳用品。

（8）及时处理游泳池内发生的各种意外事件，确保顾客安全。

（9）认真贯彻执行交接班制度，准确填写交接班工作记录。

3．游泳池救生员的岗位职责

游泳池救生员要熟练掌握各种游泳姿势，受过专业游泳训练和游泳救生培训，并获得国家颁发的相关证书。游泳池救生员的具体岗位职责如下：

（1）遵守交接班制度，负责顾客的游泳安全，不得脱岗；密切注意游泳池内顾客的动态，特别注意初学游泳者及深水区顾客，发现险情及时处理，并向有关领导汇报。

（2）维持游泳池内及周边的正常秩序，礼貌地劝阻顾客在池边跳水、追逐及打闹的行为。

（3）耐心解答顾客提出的问题，并根据顾客要求，对不会游泳者进行相关技术指导。

（4）检查游泳池的各项救生设施，发现损坏及时上报。

（5）负责每天的清场工作。

4．游泳池水质净化员的岗位职责

游泳池水质净化员要受过水处理专业训练，掌握游泳池水质净化的工作程序和标准，懂得游泳池卫生消毒知识。游泳池水质净化员的具体岗位职责如下：

（1）熟悉游泳池水质净化工作，负责游泳池水质化验和保养。

（2）熟悉机房内机械设备的性能，熟练掌握操作规程，负责保养、检查和报修工作。

（3）保证游泳池水清澈、透明、无杂物、无沉淀、无青苔，水质符合卫生标准。

（4）每日做好游泳池水质分析化验。

（5）负责制订水质净化药物和其他物资的补充计划。

（6）负责保管好水质净化工具和净化药物。

5．更衣室服务员的岗位职责

游泳池还要配备相应的更衣室服务员，具体的岗位职责如下：

（1）认真进行顾客登记、发放更衣柜钥匙和浴巾等工作。

（2）坚守岗位，注意出入更衣室顾客的动态，对顾客的生命安全和财物安全负责，发现情况及时处理和汇报。

(3) 对顾客遗留物品要进行登记和上交，负责更衣室的物品补充、统计，并填写交接班工作记录。

(4) 负责提供饮料和送餐服务。

(5) 负责更衣室设备保养和报修工作。

第三节　康体健身项目的服务

一、球类项目服务

1. 球类项目的服务流程

康乐部的球类项目包括台球、保龄球、高尔夫球、网球和壁球等，此类康体健身项目的服务流程见表 3—6。

表 3—6　　球类项目的服务流程

工作流程	工作内容及要求
预订工作	接到预订后，主动向顾客介绍相关场所的设施和价格，询问并记录顾客的要求、人数、抵达时间、姓名等；复述确认后应向顾客说明预订所保留的时间，并向顾客致谢。预订确认后，要立即通知有关服务员提前做好准备 如遇顾客所需的场地已被预订，要主动介绍其他类似的场地
岗前准备工作	1. 仪容仪表准备 穿好工服，佩戴胸卡，整理仪容仪表，提前到岗，向领班报到，参加班前会，接受领班检查及分工
	2. 设施设备准备 检查服务用品和其他客用品，对客用品进行消毒，使其符合卫生标准；如发现破损应及时更新，补齐各类营业用品和服务用品，整理营业所需的桌椅；开窗或打开换气扇通风，整理场地、休息区，清洁室内环境
	3. 服务内容准备 查阅值班日志，了解顾客的预订情况和上一班次员工交代的其他未完成的工作，准备好各种营业表单 最后再检查一次服务工作的准备情况，再次整理仪容仪表，做好迎客准备

续表

工作流程	工作内容及要求
迎宾服务工作	1. 热情迎宾 顾客到来时，服务员应面带微笑，主动热情地问候，并询问顾客是否有预订。若有预订，则确认预订内容、办好相关手续后直接将顾客引领至预订的位置；若无预订，则根据顾客人数、要求、场地出租情况迅速为其安排场地，并请顾客到服务台办理手续 如遇客满，可请顾客排队等候或为其安排其他康乐项目，并告知等候时间，为顾客提供茶水和书报杂志。
	2. 协助顾客存放物品 如遇需脱衣摘帽的顾客，应主动帮其将衣帽挂在指定的衣帽架或送至衣帽间 接挂衣帽时，应提醒顾客收好现金及贵重物品；送至衣帽间的衣帽应填好寄存牌；并将下联留给顾客，作为提取的凭证
场内服务工作	1. 提供器具租赁服务 为顾客办好活动前的登记、确认和更衣手续后，服务员引领顾客至选定的场地，打开照明灯，为顾客提供相应的球具租赁
	2. 讲解陪练服务 在顾客玩球过程中，服务员可视情况给初学者提供讲解示范，并根据顾客的需要，提供所需的陪练、记分等服务 在陪顾客练习或比赛时，服务员要认真陪练，并视顾客的球技控制输赢比例，提高顾客的兴趣
	3. 等候陪同服务 当顾客无陪练要求时，服务员应站在指定的位置上，随时听候顾客吩咐，视需要提供顾客要求的一切合理服务 适时主动询问顾客是否需要饮料、小吃或其他用品，做好记录，并迅速提供服务
	4. 场地延长使用服务 快到结束时间时，服务员应礼貌地询问顾客是否需要延长时间，若顾客需要延长时间，服务员应视预订记录情况看能否满足顾客需要；若不能，应向顾客说明原因，取得其谅解，情况允许的话可为顾客更换别的场地
结账送别工作	1. 结账服务 顾客示意结账时，服务员应主动上前，将账单递送给顾客，收款后立即将单据及余款找还顾客，并向顾客致谢 对要求签单挂账的顾客，服务员应请其出示房卡并与前台收银处联系，待确认后要请顾客在账单上签字，并认真核对顾客的笔迹
	2. 送别顾客 顾客离开时，服务员要主动提醒其不要忘记随身物品，并协助顾客穿戴好衣帽；送顾客至门口并礼貌地向顾客道别，欢迎其下次光临 对于有寄存衣帽在衣帽间的顾客，应请其出示寄存牌的下联

续表

工作流程	工作内容及要求
结账送别工作	3. 清洁整理 顾客走后，服务员要及时清洁台面并整理场地，准备迎接下一批顾客的到来。下班前要对负责区域进行全面整理，拔去所有电源插头，检查是否有未熄灭的烟头，进行最后巡视，确定无安全隐患后才可下班

2. 球类服务的注意事项

(1) 台球服务

台球服务除了标准的服务流程外，还要注意以下几点：

1) 在顾客打球前，要询问顾客的打法，并根据顾客的打法摆好台面、挑选球杆，为顾客准备好记分牌。

2) 在顾客打球过程中，服务员应站在不影响顾客打球的位置上，随时注意观察，提供取放架杆、记分、拾球等服务。

3) 当看到球桌上所剩台球不多时，尽量不要远离，准备为顾客摆球。

4) 一局结束时，服务员应迅速按规则将球重新摆好，并将记分牌复位，示意顾客可以重新开始打球。

(2) 保龄球服务

保龄球服务除了标准的服务流程外，还要注意以下几点：

1) 服务员将顾客引领到球道边的座椅后，提醒顾客换上保龄球专用鞋，然后帮助顾客把换下的鞋子及时摆放在鞋架上或是座椅下面。

2) 顾客打球前，服务员要在记分台为顾客设定人数和局数，打开电子记分器。

3) 顾客选球时，服务员要耐心介绍球的重量，提醒顾客依据自身的体重和指孔大小选择保龄球，然后将顾客选取的球放到回球机架上。

4) 如果顾客是初学者，服务员要认真、耐心、细致地帮助顾客掌握打球要领和正确姿势，提醒顾客可以发球的时间。

5) 提醒顾客在拿取保龄球前，用手蘸一下松香粉或滑石粉，以防保龄球滑落。

6) 提醒顾客打球中避免击中扫瓶板，若顾客使用不当，可能会对保龄球设备造成损害，遇到此类情况应及时劝解并讲解动作要领。

7) 提醒顾客不要进入球道，以免出现意外或影响他人打球。

(3) 高尔夫球

高尔夫球服务除了标准的服务流程外，还要注意以下几点：

1）对于没有携带球具的顾客，应主动询问他们喜欢的球具类型和需要的运动鞋尺码，并迅速到服务台帮其领取。

2）将顾客的球具和其他设备清点装车，按顾客进场顺序分上 9 洞和下 9 洞进行场地安排。

3）开球前，将顾客带入发球区，并根据顾客的要求安排在白、蓝、红等不同的发球区发球。

4）当顾客攻上果岭以后，服务员要帮助顾客瞄准，并将标志旗拿下，顾客根据果岭的不同地形考虑推杆的方向。

5）顾客将球击入球洞后，服务员要及时公布该洞使用的杆数，并记录到球卡上，随后带领顾客进入下一个洞的发球区域。

6）顾客打完全部洞穴后，服务员应将顾客使用的所有球具擦干净，清点完毕送至顾客的车上。

（4）网球、壁球

网球、壁球服务除了标准的服务流程外，还要注意以下几点：

1）在顾客刚开始打球的一段时间，服务员应尽量在场边观看，了解顾客对球场条件是否适应，租用的球鞋、球拍等是否合适，并为其提供捡球、裁判等服务。

2）对顾客出色的击球报以掌声鼓励。

3）密切注视顾客打球的情况，定时巡视场地，随时准备为顾客提供服务。

4）保持茶几、座椅和地面的整洁，顾客的饮料剩余 1/3 时应及时添加。

3．模拟对话

（1）模拟对话一

预订员：早上好，这里是 ×× 饭店康乐部，我可以帮您什么忙吗？

顾客：您好，我想预订保龄球道。

预订员：好的，请问您什么时间来？

顾客：明天下午五点半左右。

预订员：您一共几位？打算预订几条球道？

顾客：四位，两条球道。

预订员：您能留一下姓名和电话吗？

顾客：我姓李，电话是 ×××。

预订员：好的，李先生，请让我重复一下，明天下午五点半在保龄球馆预订两条球道，联系电话是 ×××，联系人是李先生。

顾客：是的，很准确，谢谢你。

预订员：谢谢您打来电话，请您尽量准时来，我们只能为您保留 30 分钟。

顾客：我知道了！

预订员：谢谢！再见。

顾客：再见。

（2）模拟对话二

服务员：先生，您好，我可以帮您什么忙吗？

顾客：我想打台球，如何消费？

服务员：每小时 20 元，先生。

顾客：好，先打一小时。

服务员：好的，先生，一共 20 元，请您先付款。

顾客：好的。

服务员：您在 3 号球台，球台的服务员将帮您挑选球杆，并为您提供摆台服务。

顾客：好的，3 号球台在哪里？

服务员：请向右走就到了，祝您玩得愉快！

（3）模拟对话三

顾客：请问网球接发球时是不是必须站在场地线以内？

服务员：不必。您可以随意站在球网一侧属于您自己的场地的任何位置接球。

顾客：我可以用双手握拍击球吗？

服务员：可以，这属于有效击球。

顾客：如果一个击球触到网柱单打支杆后落在对手的场地内，击球是否有效？

服务员：如果这是一次发球，就不是有效击球；如果不是发球，那就是有效击球。

顾客：好的，非常感谢，我明白了。

服务员：不客气，很高兴能为您服务！

（4）模拟对话四

服务员：先生，您好！这边请。

顾客：你好。

服务员：请将您的球具交给我，我帮您装车。

顾客：谢谢。

服务员：球具已经帮您装在车上了，请问您换下的皮鞋需要打油吗？

顾客：不需要。

服务员：好，我帮您把鞋放到鞋柜里。

顾客：好，谢谢。

服务员：这是您鞋柜的钥匙，请拿好。电瓶车已经准备好了，门口有球童送您到场地。祝您玩得愉快！

二、健身房服务

1．健身房的服务流程

健身房的服务流程见表3—7：

表3—7　健身房的服务流程

工作流程	工作内容及要求
预订工作	接到预订后，主动向顾客介绍相关健身器械和设施的价格，询问并记录顾客的要求、人数、抵达时间、姓名等；复述确认后应向顾客说明预订所保留的时间，并向顾客致谢。预订确认后，要立即通知有关服务员提前做好准备 如遇顾客所需的健身项目已被预订，要主动介绍其他类似的器材项目
岗前准备工作	1. 仪容仪表准备 穿好工服，佩戴胸卡，整理仪容仪表，提前到岗，向领班报到，参加班前会，接受领班检查及分工
	2. 设施设备准备 检查运动器械和其他客用品，对运动器械进行消毒，使其符合卫生标准；打开音响设备，调试背景音乐的效果；整理健身器材区、休息区，更衣室、洗浴间和服务台的环境；准备好为顾客提供的各种用品，如纸杯、毛巾、浴巾、水等
	3. 服务内容准备 查阅值班日志，了解顾客的预订情况和上一班次员工交待的其他未完成的工作，准备好各种营业表单 最后再检查一次服务工作的准备情况，再次整理仪容仪表，做好迎客准备
迎宾服务工作	1. 热情迎宾 顾客到来时，服务员应面带微笑，主动热情地问候顾客，询问顾客是否有预订。若有预订，则确认预订内容，办好相关手续后直接将顾客引领至预订的位置；若无预订，则根据顾客人数、要求、器材使用情况迅速为其安排场地，并请顾客到服务台办理手续
	2. 引领顾客更衣 向顾客发放更衣柜钥匙和毛巾等用品，并收取押金，将顾客引领至更衣室
健身服务	1. 详细介绍 顾客更衣完毕，服务员主动迎候，征询顾客要求。协助健身教练为顾客进行体能、体质测试及体形测量，根据顾客健身目标和要求提出建议方案和锻炼计划 对初次光临的顾客，应主动介绍各种健身项目，讲清要领，必要时予以示范；对于希望做长期健身的顾客，服务员可按顾客的要求，配合专业医师对其进行体能测试，制订健身计划，建立健康档案

续表

工作流程	工作内容及要求
健身服务	2. 安全保护 细心观察场内情况，及时提醒顾客应注意的事项。在顾客健身活动过程中，服务员应设法采取一些安全保护措施，以防发生意外事故
	3. 主动服务 在顾客运动间隙，要根据顾客的要求，适当播放背景音乐；服务员应主动递上毛巾，并征询顾客是否需要饮料；顾客运动完毕、更衣后，服务员应主动征求顾客意见
结账送别工作	1. 结账服务 顾客示意结账时，服务员应主动上前，将账单递送给顾客，收款后立即将单据及余款找还顾客，并向顾客致谢 对要求签单挂账的顾客，服务员应请其出示房卡并与前台收银处联系，待确认后要请顾客在账单上签字，并认真核对顾客的笔迹
	2. 送别顾客 顾客健身结束时，服务员应礼貌地检查健身器械有无损坏，帮助顾客收拾和归还租用的器材 顾客离开时，要主动提醒其不要忘记随身物品，并协助顾客穿戴好衣帽；送顾客至门口并礼貌地向顾客道别，欢迎其下次光临 对于有寄存衣帽在衣帽间的顾客，应请其出示寄存牌的下联
	3. 清洁整理 顾客走后，服务员要及时清洁台面并整理健身器材和场地，准备迎接下一批顾客的到来

2. 健身房服务的注意事项

健身房服务除了标准的服务流程外，还要注意以下几点：

(1) 服务员要协助健身教练为顾客进行体能、体质测试及体形测量，根据顾客健身目标和要求提出建议方案和锻炼计划。

(2) 对初次来健身房的顾客或新型的健身器械，服务员应提供示范，介绍健身器械的性能及效用，同时向顾客讲明注意事项。

(3) 服务员应注意顾客的健身动作，并随时给予正确指导，确保顾客安全，礼貌地劝阻一切违反规章的行为。

(4) 顾客选择好健身器械后，服务员应主动为顾客调试健身器械，检查计量单位是否准确。

3. 模拟对话

顾客：服务员！

服务员：先生，您好。有什么可以帮您的吗？

顾客：你可以帮我换一首音乐吗？踏步机的播放器我不太会操作。

服务员：好的，先生。您喜欢听什么样的音乐？

顾客：我想听轻音乐，有吗？

服务员：先生，您真有品位，懂得欣赏，我马上为您更换。

顾客：好的。

服务员：您听这一首可以吗？

顾客：很不错，这是我喜欢听的曲子，谢谢你。

服务员：不客气，这是我应该做的，祝您健身愉快！

三、游泳项目服务

1．游泳项目的服务流程

游泳项目的服务流程见表3—8。

表3—8 游泳项目的服务流程

工作流程	工作内容及要求
预订工作	接到预订后，主动向顾客介绍游泳池的收费标准和价格，询问并记录顾客的要求、人数、抵达时间、姓名等；复述确认后，应向顾客说明预订所保留的时间，并向顾客致谢；预订确认后，要立即通知游泳池服务员提前做好准备
岗前准备工作	1. 仪容仪表准备 穿好工服，佩戴胸卡，整理仪容仪表，提前到岗，向领班报到，参加班前会，接受领班检查及分工
	2. 泳池准备 做好游泳池水的净化工作，对池水水质进行化验，开启水循环过滤泵；将水质、水温情况写在公告栏上，如是室内游泳池，还应向顾客公布室内温度、湿度 检查救生器材等各种设施设备，并摆放整齐；按规定做好游泳池、休息区、更衣室、淋浴室与卫生间的清洁工作
	3. 服务内容准备 查阅值班日志，了解顾客的预订情况和上一班次员工交待的其他未完成的工作，准备好各种营业表单 最后再检查一次服务工作的准备情况，再次整理仪容仪表，做好迎客准备
接待服务工作	1. 热情迎宾 顾客到来时，服务员应面带微笑，主动热情地问候顾客，引领顾客至更衣室，为其准备好拖鞋，并发给顾客三巾（浴巾、长巾、方巾），向顾客介绍游泳池的各项服务设施和位置
	2. 关注泳客安全 顾客在游泳期间，服务员要礼貌劝阻顾客在池边追逐嬉闹等违规危险行为 救生员要不时巡视各项设施设备的运行情况，密切注意水中情况，发现险情及时救助

续表

工作流程	工作内容及要求
接待服务工作	3. 主动服务 服务员应随时为顾客提供饮料和其他服务，开好饮料食品单，写清种类、数量、名称，用托盘送到顾客面前 顾客游泳完毕，引领顾客至淋浴室
结账送别工作	1. 结账服务 顾客示意结账时，服务员应主动上前，将账单递送给顾客，收款后立即将单据及余款找还顾客，并向顾客致谢 对要求签单挂账的顾客，服务员应请其出示房卡并与前台收银处联系，待确认后要请顾客在账单上签字，并认真核对顾客的笔迹
	2. 送别顾客 顾客离开时，要主动提醒其不要忘记随身物品，并帮助顾客穿戴好衣帽；送顾客至门口，并礼貌地向宾客道别，欢迎其下次光临 顾客走后，服务员要及时检查、清理更衣柜，若有顾客遗忘物品，应向领班或主管汇报，并进行登记，以便及时归还顾客
	3. 清洁整理 顾客走后，服务员要及时清洁台面并整理沙滩桌椅，清理池边杂物，打捞水中杂物，准备迎接下一批顾客的到来

2. 游泳项目服务的注意事项

游泳项目服务除了标准的服务流程外，还要注意以下几点：

（1）对饮酒过量的顾客或患有皮肤病等传染病的顾客，服务员应谢绝其入内。

（2）禁止顾客带入酒精饮料和玻璃瓶装饮料。

（3）提醒顾客由强制喷淋通道和消毒浸脚池通过进入游泳池，并提醒顾客做简单的准备活动。

（4）提醒带小孩的顾客注意照看小孩，不要让小孩到深水区游泳。

（5）池水消毒时间约 1 小时，室内游泳池水温控制在 26～28℃。余氯控制在 0.4 mg/L，pH 值在 6.5～7.8，尿素含量不得超过 3.5 mg/L，大肠杆菌数目不得超过 18 个 /L。

3. 模拟对话

服务员：先生，您好，我能帮您什么忙吗？

顾客：我要游泳，票价多少钱？

服务员：票价是每人 30 元，请在这里付款。请问您带泳衣了吗？

顾客：带了。

服务员：泳帽呢？

顾客：没有。

服务员：对不起先生，根据规定，必须戴泳帽才可以入内。我们这里有游泳用品专卖店，有很多游泳用品，您可以选择。

顾客：请问你们的营业时间到几点？

服务员：我们的营业时间是上午9点到晚上12点，希望您度过一段美好的时光。

四、康体健身项目服务常见问题处理

1．健身计划的制订

（1）调查顾客的基本情况（姓名、年龄、性别、职业、爱好、习惯、烟酒量、饮食习惯、锻炼困难及目标）。

（2）对顾客进行运动前的围度测量和脂肪含量测试。

（3）针对顾客的年龄、性别、生理特点和健身目标，制订合理、可行的健身计划。

（4）依据运动特点和顾客的实际情况指导顾客进行健身锻炼。整个过程可分为四步：热身阶段、过渡阶段、锻炼阶段、放松阶段，要遵循从易到难、循序渐进、持之以恒的原则。

（5）热身阶段时间不宜过长，5～10分钟即可；过渡阶段主要做柔韧性练习，包括伸屈、转体、牵拉、绕环等练习；锻炼阶段则依据顾客的健身目标进行锻炼；放松阶段是使健身者从激烈的锻炼阶段慢慢恢复到平静的开始阶段。

2．初学球类顾客的接待

在接待初学球类（网球、壁球、保龄球）运动的顾客时，先要请顾客换上相应的服装和鞋子，并充分做好热身运动（即准备活动），避免在球场上发生伤害事故。然后向顾客简单介绍该球类运动项目的基本打法和比赛规则。有条件的话，最好能做动作示范，并教顾客掌握一些基本技术。

3．顾客进行球类运动时的指导

球类运动服务人员应熟悉有关设备设施的性能和结构特点，掌握有关的比赛规则和方法，掌握比较娴熟的运动技艺。

顾客进行球类运动时，服务人员应按顾客的要求提供好球桌、球场或球道，为顾客备好相关的球拍、球或球杆，帮顾客记分，当好裁判。顾客玩球时，服务人员要提供及时到位的服务，如拾球、指导、解释疑难等。

服务人员有时可按顾客的要求提供陪练服务，这就要求服务人员言传身教，让顾客在玩的同时又掌握新的知识和技能，逐渐提高球艺。

4．顾客租用球拍、球鞋、球的收费

饭店康乐部门对于出租球拍、球鞋、球的收费，应确定相应的收费标准，如网球（球拍、球、鞋），壁球（球拍、球、鞋），高尔夫球（球杆、球、鞋）等。

收费标准必须张贴在醒目的位置，以避免顾客结账时出现不必要的争执。注明收费标准时，必须注明是按照标准场次收费还是标准时间段收费。注明收费价格的同时，要附注如发生丢失、损坏、破损等意外时顾客所需赔偿的费用。

5．球鞋卫生标准的保证

保龄球等球类服务中，顾客较为频繁地租用球鞋，因此，应保证球鞋的卫生标准。具体要求如下：球鞋应定期清洗消毒，如遇租用频率较高的特殊情况，还应立即进行清洗消毒；平时，待租用的球鞋应保存于通风干燥处；每只球鞋应放干燥剂保存，并适时喷洒除臭剂。

6．顾客过度使用器材设备的处理

当发现有顾客过度使用器材设备时，服务人员应立即上前加以劝阻，耐心地讲解该器材设备的性能、作用和正确的使用方法，做必要的示范，并提醒顾客，过度使用器材设备不仅会威胁顾客自身安全，还会造成不必要的损坏。

7．顾客利用康体健身项目进行非法活动的处理

营造健康积极的康体健身环境，指导顾客进行有益身心的活动，是康乐部服务人员的工作职责之一。

但是，在康乐部日常的营业活动中，仍存在着顾客利用康体健身项目进行非法活动的现象，例如利用台球进行赌博等非法活动。遇见这种情况，服务人员应上前进行劝阻，不应听之任之，并根据饭店或康乐部的规定，及时制止这种非法活动，引导顾客进行正当的消费活动。若劝阻无效时，应立即通知康乐部经理和饭店保安部，甚至可以中止顾客的消费行为。若顾客提出要租用场地进行非法活动时，服务人员应婉言谢绝。

思考与练习

1. 康体健身项目具有哪些特点？
2. 简述英式斯诺克台球的规则和记分方法。
3. 如何为初学保龄球的顾客挑选合适的保龄球？
4. 高尔夫运动对服饰的要求有哪些？
5. 网球的发球姿势分为哪几个步骤？
6. 壁球运动有哪些优点？壁球和网球的区别是什么？
7. 健身房如何进行功能分区？

8. 常见的泳姿有哪几种？区别是什么？

9. 康乐部在保龄球场馆设立的主要服务岗位有哪些？

10. 列举台球、网球、壁球等球类运动服务人员的主要工作职责。

11. 简述球类项目服务、健身房服务、游泳池服务的标准流程。

12. 健身房服务有哪些注意事项？

13. 哪些顾客不适合进行游泳活动？哪些顾客不宜到健身房运动？

14. 如何为顾客制订健身计划？

第四章 娱乐休闲服务

娱乐休闲项目是指通过提供一定的设施、设备和服务，使顾客在参与中调节身心，获得精神满足的消遣性活动。本章详细介绍了娱乐休闲项目的基本概况，介绍了饭店康乐部中常见娱乐休闲项目的岗位设置、岗位职责和标准服务流程，以及娱乐休闲项目服务中特殊情况的处理方法。

学习目标

☆了解饭店常设娱乐休闲项目的类型及特点。

☆掌握饭店常设娱乐休闲项目的设施设备概况和使用知识。

☆了解饭店康乐部娱乐休闲项目的岗位设置情况和岗位职责。

☆掌握棋牌室、夜总会、酒吧、游艺类娱乐休闲项目的标准服务流程。

☆能够灵活处理娱乐休闲项目服务中的常见问题。

☆掌握娱乐休闲项目设施设备维护和卫生处理的相关知识。

☆能够向顾客讲解某种娱乐休闲项目的基本知识，并能根据顾客需要提供相关服务。

第一节　娱乐休闲项目简介

娱乐休闲项目是一种重要的旅游资源，也是饭店业务的重要组成部分。娱乐休闲项目与康体健身项目的主要区别在于，康体健身项目多为体育运动项目转化而来，而娱乐休闲项目则是以娱乐为主要功能。目前，饭店康乐部常设的娱乐休闲项目有棋牌室、夜总会、酒吧、游艺类项目等。

一、棋牌室

棋牌类娱乐休闲项目具有趣味性、娱乐性、益智性和普及性等特点，可以陶冶参与者的修养，还可以培养参与者独立思考的能力和团结协作的精神，因此世界各地的人们都视其为休闲时间的一大乐趣。同时，玩棋牌游戏也是一种很重要的社交手段。

棋牌活动的场所是棋牌室，在中国有着非常广泛的群众基础，由于棋牌室占地面积小、设施设备简单、投资相对较低，且项目种类繁多、客源基础广泛，因此各个档次的棋牌室遍布大小城镇。尤其是饭店的康乐部，棋牌是首选的娱乐休闲项目，基本上三星级及以上的饭店康乐部都设有棋牌室（见图4—1）。

棋牌室内通常设的棋牌项目有麻将、桥牌、象棋、围棋、五子棋等。

图4—1　棋牌室

图4—2　麻将

1．麻将

麻将是一种博弈游戏，样式是由竹子、骨头或塑料制成的小长方块，上面刻有花纹或字样（见图 4—2）。

在传统的麻将游戏过程中，洗牌、码牌需占一定的游戏时间。自动麻将机的出现，解决了这一问题。在四方形麻将机下面，装有电动洗牌机，内有两副麻将牌。按电钮后，机器把牌洗匀，自动摆好牌。

2．桥牌

桥牌作为一项高雅、文明、竞技性很强的休闲娱乐项目，与象棋、围棋一起被称为世界三大智力运动，风靡全球。桥牌可以陶冶性情，启发智慧，培养判断力，促进合作友谊。桥牌叫牌器如图 4—3 所示。

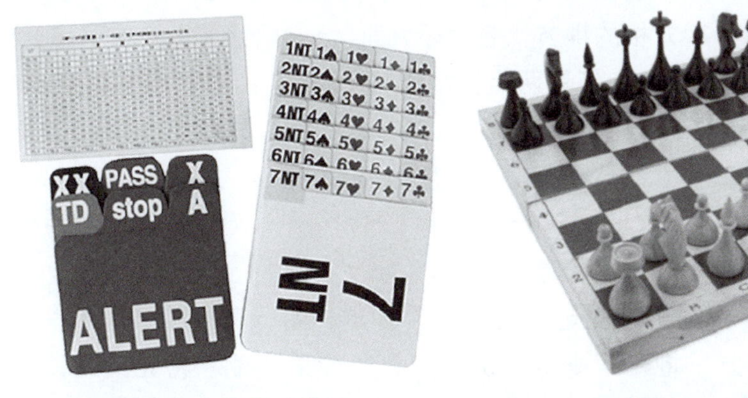

图 4—3　桥牌叫牌器　　　　图 4—4　国际象棋

3．棋类

（1）国际象棋

国际象棋（见图 4—4），又称欧洲象棋或西洋棋（港澳台地区多采用此说法），是一种二人对弈的战略棋盘游戏。国际象棋有助于开发智力，培养逻辑思维能力和想象力，是世界上最受欢迎的游戏之一。

国际象棋的棋盘为正方形，横纵各 8 格（共 64 格）、颜色一深一浅交错排列。深色格称黑格，浅色格称白格，棋子就放在这些格子中移动。国际象棋棋子共 32 个，也分为黑白两组，每组各 16 个，由对弈双方各执一组。棋子多用木或塑胶制成，也有用石块制作。棋子的兵种分为六种，包括一王、一后、二车、二象、二马、八兵。

正式比赛中，国际象棋棋子采用立体棋子，非正式比赛中可以采用平面图案的棋子。对局时，白方先行，然后双方轮流走子，以把对方“将死”为胜，如不能“将死”，或有长将、一方无子可动、局面重复出现三次等情况，均可根据规则判为和局。

（2）中国象棋

中国象棋（见图4—5）是以红黑棋子代表两军对垒的棋类益智游戏。中国象棋有着三千多年的历史，属于二人对抗性游戏的一种，由于用具简单，趣味性强，成为流行极为广泛的棋类活动。在古代，中国象棋被列为士大夫们的修身之艺，属“琴棋书画”四艺之一，现在则被视为怡神益智的活动。

象棋棋子活动的场所称为棋盘。在方形的平面上，九条平行的竖线和十条平行的横线相交形成九十个交叉点，棋子就摆在交叉点上。棋盘的第五、第六两横线之间未画竖线的空白地带称为“河界”，整个棋盘沿“河界”分为相等的两部分。棋盘两端的中间，也就是两端第四条到第六条竖线之间的正方形部位，以斜交叉线构成“米”字方格的地方，名为“九宫”（它恰好有九个交叉点）。

象棋的棋子共32个，分为红黑两组，每组各16个，由对弈双方各执一组，兵种是一样的。红方为一帅、二仕、二相、二车、二马、二炮、五兵；黑方为一将、二士、二象、二车、二马、二炮、五卒。

其中，“帅”与“将”“仕”与“士”“相”与“象”“兵”与“卒”的作用完全相同，仅仅是为了区分红棋和黑棋。

对局时，由执红棋的一方先走，两方轮流各走一着（两方各走一着，称为一个回合），以将对方“将死”或对方认输为止。如果不能“将死”或使对方认输，经一方提议做和，另一方表示同意，或双方走棋出现循环反复三次以上（属允许走法），又均不愿再走时，可根据规则判为和局。

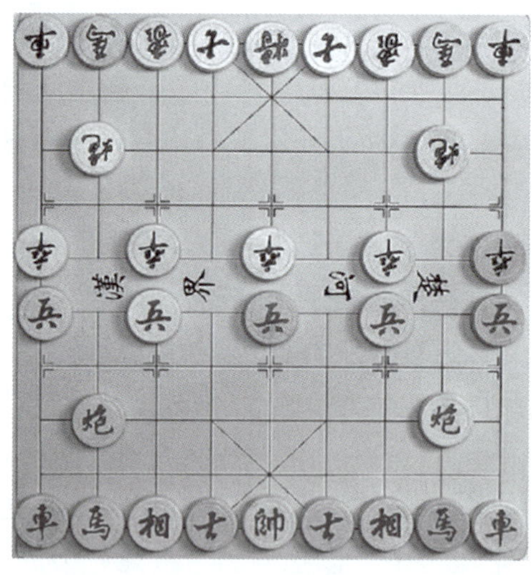

图4—5　中国象棋

图4—6　围棋

（3）围棋

围棋（见图4—6）也是中国传统棋种之一，是一种策略性二人棋类游戏，流行于东亚国家。围棋起源于中国，春秋战国时代即有记载，可以说是棋之鼻祖。

围棋两人对局时，用棋盘和圆形的黑白两种棋子进行。有对子局和让子局之分，前者执黑子者先行，后者上手执白子者先行。开局后，双方在棋盘的交叉点轮流下子（已有子的交叉点和禁着点不准下子），一步棋只准下一子，下定后不再移动位置。围棋着法复杂多变，运用做眼、点眼、韧、围、断等多种技术和战术吃子占有空位，战胜对方。围棋棋局通常分布局、中盘、收官三个阶段，每一个阶段各有重点走法。终局时将实有空位和子数相加计算，多者为胜，也有只计算实有空位判断胜负的。

二、夜总会

夜总会起源于欧洲，在欧美各地十分常见，是人们进行夜生活的主要娱乐场所。来夜总会进行娱乐消费的顾客大多是通过娱乐活动来加强与亲友、同事及商业伙伴之间的沟通、感情联络及商业协作关系。通过夜总会的优质服务，饭店可以提高声誉、创造企业品牌，赢得更多顾客的青睐。夜总会的主要经营项目有歌舞厅、舞厅和 KTV 包间等。

1．歌舞厅

歌舞厅属于夜总会的传统经营项目，是以专业团体或饭店艺术团进行歌舞表演为顾客助兴、供顾客消遣休闲为主要内容的娱乐场所，是出现最早、最为普及的歌舞娱乐设施。

图 4—7　歌舞厅

歌舞厅（见图 4—7）投资巨大，除了豪华、美观的环境，还应配置专业的灯光、音响等设备，以吸引顾客，赢得更多顾客的认可和选择。歌舞厅的表演与正规舞台表演相比，形式更为随意，气氛更为轻松，演出内容通俗并伴有极强的娱乐性，易为各种层次的顾客接受。

歌舞区是歌舞厅中主要的活动场所，包括舞池、舞台、座位区、吧台等部分。在歌舞区，顾客可以进行唱歌、跳舞、听音乐、观赏表演、喝茶饮酒、喝咖啡、交友谈天等活动。舞池不仅可用于演唱者在演唱时表演，还可为其他顾客提供随音乐起舞的空间。舞池一般占歌舞厅总面积的 1/6 至 1/5。座位区的座位一般围绕并面向舞池进行布置，而且应能观看到大屏幕。座位区以台号来确定坐席，便于服务和管理。吧台是整个歌舞厅服务活动的中心，服务内容包括提供酒水、小食品、果盘，以及送点歌单、结账等。

歌舞厅要配备主持人，主持人需要有很强的语言表达能力和应变能力，可以把若干个节目有机地串接起来并营造热烈的娱乐气氛，还需及时把握和调整场上气氛，不能出现冷场，并在顾客情绪高涨时，适时调整原有节目安排，让顾客参与演出，使演出真正达到娱乐的目的。

由于顾客口味不同，而且变化很快，因此歌舞厅的经营一定要有灵活性。例如，日常可利用一年中的重大节日、周末等，因时制宜地做好会场布置和节目演出，在演出中可特邀演员穿插于观众席间表演，并即兴为顾客发放礼品，以突出欢乐、喜庆的节日气氛，提高歌舞厅的感召力和吸引力。

2．卡拉 OK

“卡拉 OK”能通过声音处理使演唱者的声音得到美化与润饰，当再与音乐伴奏有机结合时，就变成了浑然一体的立体声歌曲。这种伴奏方式给歌唱爱好者们带来了极大的方便和愉悦，现已成为一种普及性很强的自娱自乐的休闲项目。

知识链接

“卡拉 OK”的点歌方式

现代化的“卡拉 OK”常有以下两种点歌方法：

1. 自助式点歌

这种方式采用可储存数千首的自动点歌系统，利用遥控器点歌，甚至还可以通过遥控器选点酒水、饮料和食品，自动化程度很高。

2. 电子计算机点歌

这种方式根据电子计算机显示屏的提示，采用触摸方式选择自己喜欢的歌曲，是现代最先进的一种点歌系统。这种点歌系统包含各种不同的选择模态，可以通过选择歌曲语种、歌手名字、歌曲名字等方式点歌，效率高、速度快。

这两种现代化的点歌方式既减少了服务员的数量，又最大限度地满足了顾客自娱自乐的需要，因而受到经营者和消费者的普遍欢迎。

“卡拉 OK”的经营主要有“大厅卡拉 OK”和“包间卡拉 OK”两种模式。“大厅卡拉 OK”以歌为主，兼舞蹈助兴，整个大厅由演歌台、舞池、音控室和顾客休息区（座位区、吧台等）构成。由于人们在娱乐场所中要求的不仅仅是娱乐，还要进行有目的的交流和洽谈，这些活动在大厅卡拉 OK 中进行是很不方便的，因此“包间卡拉 OK”很快就产生了。

现今饭店提供的“卡拉 OK”服务以“包间卡拉 OK”为主，常见的形式有以下几种：

(1) KTV 包间

卡拉OK包间又称KTV包间，也称为练歌房。KTV包间（见图4—8）内设沙发、茶几、卡拉OK设备，注重音响和灯光效果。包间的大小从可容纳两人的情侣包厢到可容纳二三十人的包厢不等。KTV包间不仅具有餐厅中雅间包房的优点，使顾客感到安全、舒适，隐秘性受到尊重，而且免去顾客娱乐时相互之间的干扰，能随时点唱而不必等候太长时间，不会干扰别人或被别人干扰，因而受到广泛的欢迎。

图 4—8　KTV 包间

(2) DTV 包间

DTV即DanceTV。DTV包间仍维持KTV包间的基本形态，另在包厢内划出部分空间作为舞池，是集唱歌、跳舞于一体的KTV包间。DTV包间室内不仅设有卡拉OK设备，还设有舞池及非常考究的灯光设备。DTV舞厅最大的特色是除可以在舞池内闻歌起舞外，还在墙上挂一大型屏幕，播放和舞曲同步搭配的图像，给人以全新的视觉和听觉享受，非常适合现代人的生活和消费方式。

(3) PTV 包间

PTV包间是拍摄个人音乐录影带的KTV包间。当顾客演唱时，专业人员配置灯光和音响，通过各个角度的摄像机拍下演唱者的各个侧面，用不同的电视制作手法，把各种画面编辑、串联起来，随着歌曲的旋律播放到投影屏幕上，这样给顾客增添了极大的情趣。顾客如有兴趣，也可以把演唱录制成视频，既留声又留影。

(4) 量贩式 KTV

量贩式KTV又称为“自助式KTV”，特点是自点自唱，实际体现的是透明、平价和健康的消费方式。

量贩式KTV与传统的歌厅相比有其明显特点。首先，在经营形式上，量贩式KTV采用严格计时计量收费的方式，包厢按时段计费，不同时段价格差异明显，非节假日和白天的价格非常优惠。其次，在经营品种上，量贩式KTV增加了内部自选市场，饮料、食品由顾客自选，有的还设有自助餐厅，以方便顾客用餐。最后，在经营规模上，量贩式KTV的规模比普通歌厅大得多，其包间的数量少则几十间，多则上百间。

3．舞厅

在饭店的娱乐项目中，舞厅是历史较长的传统娱乐场所，它不仅是顾客追求夜生活的主要休闲娱乐场所，也是顾客进行各类社会交际的理想空间。

舞厅从功能上划分，可分为交谊舞厅、迪斯科舞厅和卡迪舞厅等。

知识链接

交谊舞的种类

目前国际流行的交谊舞主要有以下几种：

1. 布鲁斯（慢四步）

布鲁斯源于美国，是一种节奏和旋律都比较缓慢、平滑的交谊舞，跳时十分轻松，后来的两步舞即由此演变而来。

2. 福克斯（快四步，狐步舞）

福克斯由滑稽舞蹈演员哈里·福克斯于1913年创造，因舞步平滑流畅，好像狐狸走路，所以又称狐步舞。与布鲁斯相比，福克斯速度较快，因此又称快四步。此舞舞姿活泼优雅，情绪轻柔，风格幽默洒脱。

3. 华尔兹

华尔兹最早起源于欧洲民间舞蹈，根据乐曲节奏的快慢，可分为慢三步、中三步和快三步三种。此舞的特点是欢快、热烈，在圆舞曲伴奏声中从右至左旋转而舞，音乐优美，舞姿潇洒，有“舞中女皇”之誉。

4. 探戈

探戈是起源于阿根廷的一种粗壮有力的牧人舞蹈，最初流行于南美洲一带，分墨西哥式和阿根廷式两种。墨西哥式探戈舞姿优美潇洒，阿根廷式探戈舞步则更加粗犷健美。它采用的是一种独特的双节拍音乐，速度缓慢，节奏清晰，男女对舞，不用拖步，而是一步一步踏在地板上。它的舞步沉重有力，走直线，转直角，有一种阳刚之美，被称为“舞中之王”。

5. 伦巴

伦巴起源于古巴。由于该地区气候炎热，不适宜做大运动量的活动，为了适应这种环境，人们创造出伦巴舞。它吸收了现代爵士乐和其他歌舞的精华，形成了独特的风格，被称为“拉丁舞之王”。其特点是舞步比较舒缓、温和，极具浪漫情调。

（1）交谊舞厅

交谊舞厅（见图4—9）是指专为两人结对而舞的交谊舞而设的舞厅，是饭店康乐部的重要娱乐项目。正规的交谊舞厅除应有专门的舞池、专业的音响设备、灯光和烟雾效果外，有的还有专业现场伴奏乐队，其演奏水平是交谊舞厅能否招徕顾客的关键因素。

图 4—9　交谊舞厅

图 4—10　迪斯科舞厅

（2）迪斯科舞厅

迪斯科由美国黑人创造的爵士乐发展而来，它吸收了许多舞蹈的技巧和动作，特点是节奏感非常鲜明，动作形式又比较随意。舞者可任意做各种新奇刺激的动作来表现个性，跳舞时，可以独自狂舞，也可成双结对或数人同舞。

迪斯科舞厅（见图 4—10）面积较大，它的装饰特别突出现代的时尚风格。一般在舞池上方设可升降的调音台和领舞台，DJ 主持舞会，调节全场的气氛，领舞者通常还兼领唱，边表演边示范，带动顾客热烈跳舞。迪斯科舞厅的音响设备要求功率强劲，具有震撼力。

迪斯科舞厅的主要目标市场是年轻人，通常票价较低，以饮料收入为主。

（3）卡迪舞厅

卡迪舞厅是将卡拉 OK 和迪斯科结合起来的歌舞相融的娱乐场所，舞池、灯光和音响经特殊设计，给顾客以全新的视觉和听觉享受。它与歌舞厅的区别在于：前者以顾客自娱为主，后者以演员演出为主。卡迪舞厅既能满足顾客进行卡拉 OK 娱乐的需要，又能让顾客随着音乐起舞。

三、酒吧

随着现代旅游业的兴起，酒吧作为一种娱乐休闲项目也随之成为饭店服务的内容，并且在饭店的特色经营中显示出越来越重要的地位。利用酒吧，饭店可以向顾客展示康乐部经营的特色和风貌，因此，大部分饭店中通常都设有室内装修和主题设计风格鲜明的酒吧，以满足顾客多元化的需求。

1．酒吧的服务类型

酒吧是娱乐休闲经营活动中销售最多、成本最低、收益最大的项目，因此，酒吧经营在康乐部的经营中占有重要地位。目前饭店中的酒吧通常采用下列三种服务类型：

（1）立式服务

立式服务是一种传统的酒吧服务方式，娱乐中的顾客来到吧台前，坐在高脚凳上点饮料，调酒师站在吧台内，当着顾客面调兑饮料并服务（见图4—11）。

立式酒吧的吧台设计有三种基本形式，其中最为常见的是两端封闭的直线型吧台。这种吧台的优点是酒吧服务员不会将他的背部朝向顾客，可以对室内的顾客保持有效控制，对顾客也是一种尊重。另一种形式的吧台是马蹄形吧台，或者称为U形吧台。这种吧台一般安排三个或更多的操作点，两端抵住墙壁，中间可以设置一个岛形储藏柜，用来存放用品和冰箱。第三种形式的吧台是环形吧台或中空的方形吧台。这种吧台的中间有一个“小岛”，供陈列酒类和储存物品。这种吧台的好处是能够充分展示酒类，也能为顾客提供较大的空间，缺点是服务难度增大。

立式酒吧简单方便，很多娱乐场所都有设立，其中以歌厅、舞厅、迪厅最为常见。

图 4—11　立式服务

图 4—12　座位式服务

（2）座位式服务

座位式服务（见图4—12）在我国娱乐场所最受欢迎。采用座位式服务时，一般由客人坐在座位上点饮料，通过服务员开票并提供饮料。这种服务类型对服务员的要求比较高，不仅要有一定的服务技能，而且还能介绍各种类型的酒水，并能快速服务。

（3）鸡尾酒廊服务

鸡尾酒廊服务比较特殊，有时候会有几个吧台，需要多名服务员，提供鸡尾酒和音乐伴奏等娱乐形式。鸡尾酒廊的吧台设计与立式吧台设计基本相同，只是酒廊没有桌椅，环境更为舒适、高雅。在大多数鸡尾酒廊中，还提供一块空间供顾客跳舞。

2．酒吧常见的饮品和小食品

（1）酒吧常见的饮品

1）鸡尾酒（Cocktail）。鸡尾酒是以一种或几种烈酒（主要是蒸馏酒和酿制酒）作为基酒，与其他配料如汽水、果汁等混合并用一定方法调制之后，经装饰而成的混合饮料（见图4—13）。鸡尾酒通常需要调酒师当场配制并装饰点缀，按每份或每杯计价。

图4—13　鸡尾酒

2）白兰地（Brandy）。白兰地是酒吧常见的烈性酒，以水果为原料，经发酵、蒸馏制成。通常所称的白兰地专指以葡萄为原料制成的酒，因此白兰地又被称为“葡萄酒的灵魂”。白兰地除纯饮外，还可以加冰、加汽水或苏打水等混合饮用。酒单上的白兰地一般按杯或盎司计价。

3）金酒（Gin）。金酒又名叫杜松子酒或琴酒，最先由荷兰生产，在英国大量生产后闻名于世，是世界第一大类的烈酒。金酒在酒吧可放入冰箱或冰桶中冰镇纯饮，也可加冰块饮用。金酒兑水饮用时，通常加入汤力水（Tonic）、冰块，以一片柠檬作装饰。

4）伏特加酒（Vodka）。伏特加酒是俄罗斯的传统酒精饮料，以谷物或马铃薯为原料，经过蒸馏制成，并经过活性炭过滤，使酒质更加晶莹澄澈，无色且清淡爽口，使人感到不甜、不苦、不涩，只有烈焰般的刺激，形成伏特加酒独具一格的特色。伏特加酒可以加冰块饮用，还可以加软饮料或水及冰块调和饮用。

5）威士忌（Whisky）。威士忌使用大麦、黑麦、玉米等谷物为原料，经发酵、蒸馏后放入木桶中进行酵化而酿成。最著名、最具代表性的威士忌包括苏格兰威士忌、爱尔兰威士忌、美国威士忌和加拿大威士忌四大类。威士忌可以纯饮，也可以用水、汽水或苏打水等加冰混合饮用。

6）朗姆酒（Rum）。朗姆酒也叫糖酒，是以甘蔗糖蜜为原料生产的一种蒸馏酒，原产地在古巴，口感甜润，芬芳馥郁。朗姆酒在酒吧通常作基酒，用于配制鸡尾酒。

7）啤酒（Beer）。啤酒是人类最古老的酒精饮料，是水和茶之后世界上消耗量排名第三的饮料，是娱乐休闲场所中销量最大的酒品。啤酒是以大麦芽、酒花、水为主要原料，经酵母发酵作用酿制而成的饱含二氧化碳的低酒精度酒，被称为“液体面包”。啤酒的最佳的饮用温度是6～8℃，通常以听、扎计价。

8）葡萄酒（Wine）。葡萄酒是用新鲜的葡萄或葡萄汁经发酵酿成的酒精饮料，通常分红葡萄酒和白葡萄酒两种。前者是由红葡萄带皮浸渍发酵而成，后者是由葡萄汁发酵而成。一般红葡萄酒在18℃左右的室温下饮用口感最佳，白葡萄酒和粉红葡萄酒的最佳饮用温度为8～12℃。葡萄酒在酒单中通常按每瓶和每杯计价。

9）软饮料（Soft Drink）。酒单中常见的软饮料有可口可乐、雪碧、苏打水、汤力水、矿泉水等，通常以听、瓶计价。

10）鲜榨果蔬汁（Fresh Squeezed Juices）。鲜榨果蔬汁常采用时令瓜果、蔬菜，并用榨汁机现榨而成，一般以杯或壶计价。

11）热饮料（Hot Beverage）。热饮料通常包括咖啡、牛奶、茶水等，通常以杯计价（茶水也以壶计价）。

（2）酒吧常见的小食品

酒吧一般都提供一些简单的小食品，供顾客配酒。常见的小食品包括三明治、馅饼、饼干、面包、油炸小食品、坚果、蜜饯、肉干、鱼干和水果拼盘。

3．推销酒水的技巧

（1）了解酒水特征，提供规范化的标准服务

康乐部服务员推销酒水时，不仅要具有必备的酒水知识，掌握酒水的特征，还要通过提供规范化的标准服务，让顾客享受到最佳服务。

（2）注意季节

季节不同，人们对酒水的消费习惯也有差别，做好季节推销是酒吧酒水销售的一个重要环节。

1）夏季酒水推销。夏季天气炎热，是酒水推销的黄金季节。从消费品种来看，清凉解渴的酒水是夏季最受欢迎的，如碳酸饮料、啤酒等。

2）冬季酒水推销。冬季酒水推销一般以热饮、甜饮为主。如茶、咖啡、牛奶、热巧克力奶是冬季最常见的饮品；以热茶、咖啡、牛奶为基础的混合饮料，如皇家咖啡、爱尔兰咖啡、热蛋诺等是冬天酒吧最受欢迎的饮品。

（3）注意顾客的特征和需求

酒吧的酒水推销必须从了解顾客开始，不同顾客光顾酒吧的目的不同，其消费行为差异很大。服务人员介绍酒水时，可根据包间类型、顾客类型，先推介高价位酒水，后推介中低价位酒水，向男士推介洋酒、红酒或者啤酒，向女士推介软饮料和鲜榨果蔬汁等。

（4）了解康乐活动的特征

服务人员应该了解哪些康乐活动可以饮用酒精饮料，哪些康乐活动只能饮用茶水，哪些康乐活动可以边活动边饮用酒水，哪些康乐活动应在活动前饮用

酒水，哪些酒水应在康乐活动结束后饮用，然后根据具体情况，适时、适当地向顾客进行推荐。

（5）注意营造良好的康乐活动环境和氛围

康乐场所良好的服务、环境、氛围和格调等，会使顾客在消费过程中产生“超值享受”的感觉，并乐意接受较高的价位。同样一杯鸡尾酒，在高档康乐场所出售时，顾客对其标出的高价比较容易接受。

（6）注意服务的瞬间效应（即客人感受）

酒水是通过服务人员向客人提供的。服务人员与顾客接触的每一个时刻和每一个细节，都应严格执行康乐服务规范和标准，给顾客温馨周到的服务。服务的瞬间效应来自于以下几个方面：服务语言规范化、语言简洁优美、服务要热情有礼貌、主动服务、全方位立体服务。

四、游艺类项目

1．游艺机

游艺机是以人们思维中各种形体实态的表现为内容，通过现代技术和科学手段（声、光、电、机械、气动、游动等）实现并完成，再通过人们的感知来反应，以达到形象生动、趣味刺激的一类设备或设施。电子游艺厅是一种为顾客提供自娱自乐服务的娱乐活动场所，主要设备是电子游艺机。

游艺机趣味性、娱乐性极强，节目类型很广，内容量很大，几乎对所有年龄段的顾客都具有很大的吸引力，且体积较小，占用的空间不大，单台机器的价格成本很低，经济效益较高，不受气候、季节限制，因此在饭店中很受欢迎。游艺机按功能不同可分为台框式游艺机、体感式游艺机和有奖游艺机。

（1）台框式游艺机。

凡有屏幕显示、操作者靠按钮开关或其他开关操作的无身体感受的游艺机都属于台框式游艺机（见图4—14）。这类游艺机的内容可分为益智类游戏、枪战类游戏、打斗类游戏、空战类游戏、驾驶类游戏和战略类游戏等。

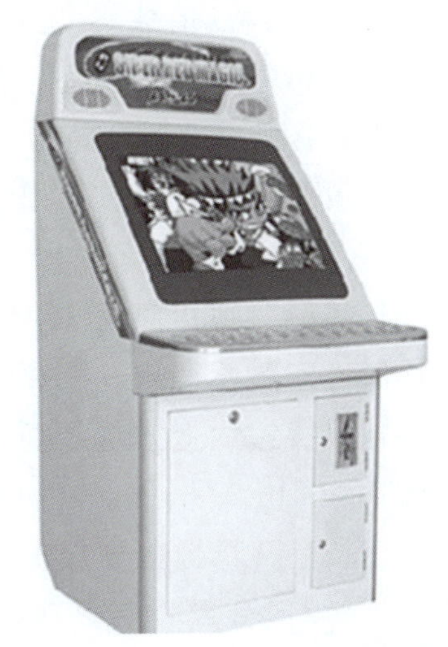

图4—14　台框式游艺机

（2）体感式游艺机

体感式游艺机具有身体感受功能，是指游戏者在游玩过程中能够感受到与游戏情景相符的震动、颠簸、倾斜、声响等的游艺机（见图4—15）。这类游艺机有摩托车、飞机、赛车、骑马、滑雪、激光射击等多种类型。

图 4—15　体感式游艺机

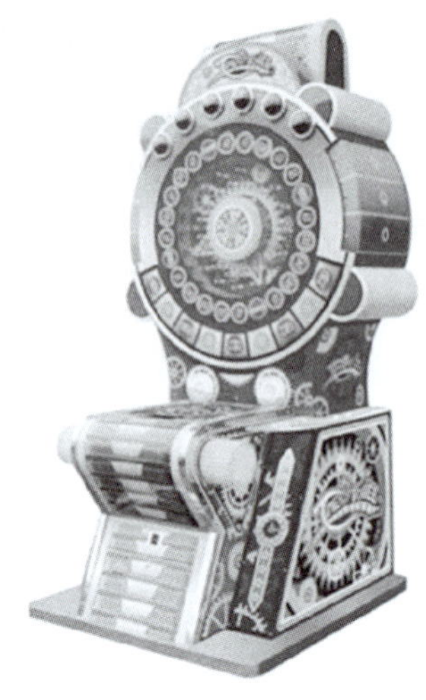

图 4—16　有奖游艺机

（3）有奖游艺机

这类游艺机的最大特点是可以给予取得胜利的游戏者一定的物质奖励（见图 4—16）。由于这类游艺机奖励刺激性较大，因此在玩家游戏时围观和助兴的人较多，这是有奖游艺机与台框式游艺机和体感式游艺机的最大不同之处。

2．飞镖

飞镖通常被饭店设置在酒吧内，是顾客在茶余酒后娱乐消遣的必备游艺项目。飞镖运动不需要专门的场地和设施，趣味性强，男女老少人人都可以参与，时间可长可短，既可作为比赛，又可作为工作、学习之余的消遣。

（1）飞镖盘的种类

飞镖盘又称为镖盘或镖靶，样式和材质多种多样，常见的有木质飞镖盘、纸质飞镖盘、植绒飞镖盘、磁性飞镖盘和麻质飞镖盘。麻质飞镖盘是现代最流行、质量最好的飞镖盘，也是各项正规比赛的指定飞镖盘。

（2）飞镖盘的放置

放置飞镖盘时，飞镖盘的中心离地 1.73 米，投掷线离飞镖盘在地面上的投影线 2.37 米（或者说，飞镖盘牛眼离投掷线的直线距离为 2.93 米）。投掷飞镖时，双脚不得越过投掷线，而身体或手从投掷线的上方越过则没有关系（见图 4—17）。

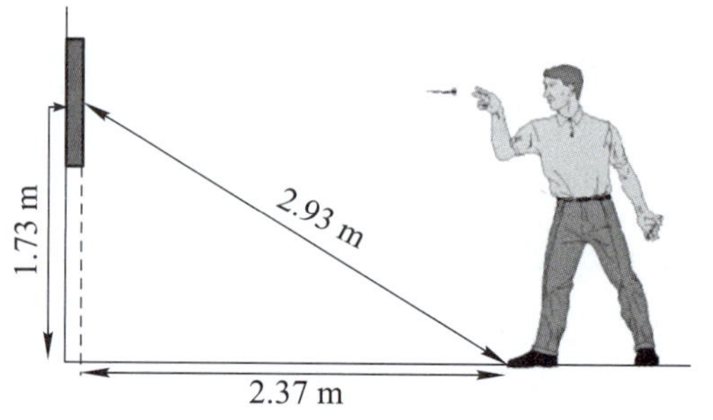

图 4—17　飞镖盘的放置

（3）飞镖的记分方式

1）记分点。每只飞镖射中飞镖盘的位置为基本记分点。

2）分数取值。现代标准的飞镖盘又称为“表盘”。国际标准飞镖盘（见图4—18）的直径为453毫米，数字圈的直径为436毫米，分区网的直径是335毫米。飞镖盘上一般有黑、白、红、绿四种颜色。盘面分成二十个楔形，每个楔形外面标记着这个楔形的分数，当然它不是按数字大小顺序排列的。外面那一个环形内的分数是基本分数的两倍（称为“双倍圈”），而中间那一个环形内的分数是基本分数的三倍（称为“三倍圈”）。中央有两个同心圆叫牛眼，外面的同心圆叫外中心圈（外牛眼或单牛眼），分值为25分，比赛时一般视作单倍区；里面的同心圆叫内中心圈（内牛眼或双牛眼），分值为50分，一般视作双倍区。

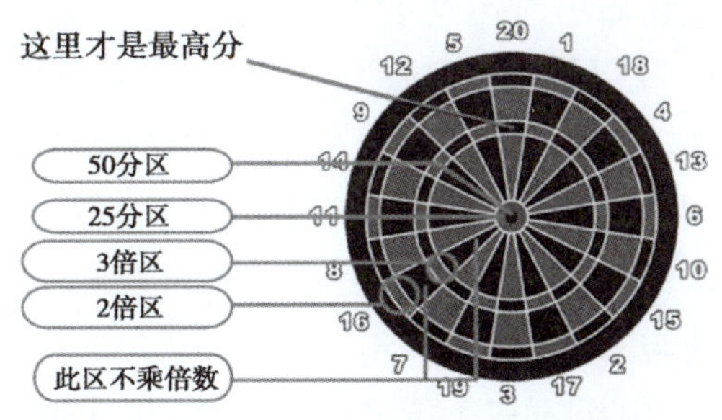

图4—18　国际标准镖盘

投掷分数等于记分点处标识数字与记分点倍数的乘积。现以标识数字“20”为例：记分点在单倍分数环内，记分为“20×1=20分”；记分点在双倍分数环内，记分为“20×2=40分”；记分点在三倍分数环内，记分为“20×3=60分”；记分点在红心（黑心）内，记分为25分（50分）。

3．卡丁车

卡丁车即小型赛车，也叫无车厢微型敞篷赛车，是旅游度假村康乐部门设置的一项户外运动项目。卡丁车项目20世纪90年代进入我国之后，已经成为青年顾客首选的休闲娱乐项目。饭店康乐部门设置的卡丁车娱乐项目中，要求服务人员掌握以下基本知识。

（1）卡丁车的结构与功能

卡丁车的结构十分简单，由钢管式车架、转向系统脚蹬、油箱、传动链护罩、车手座位和防撞保险杠等组成。卡丁车操作简单、顾客只需戴上防护头盔和手套，记住左脚踩刹车，右脚踩油门，方向盘是1∶1转向，就可以无忧无虑地驾驶。卡丁车在光滑平整的跑道上行驶的时候，其功能主要有以下几点：

1）使顾客体验到激情与快乐。顾客在驾驶卡丁车奔驰时，有一种风驰电掣的成就感，再加上发动机的轰鸣，能体验到激情与快乐。

2）提高顾客的思维能力与灵敏度。顾客驾驶卡丁车，可以提高思维能力与灵敏度，并对大脑、眼睛、手脚和身体其他部位具有一定的协调作用。

3）培养顾客勇往直前的精神。卡丁车不仅可以锻炼顾客的智慧与胆量，而且可以培养顾客勇往直前的精神。

（2）卡丁车的驾驶速度

卡丁车的驾驶等级主要有初级、中级和高级三个级别。等级不同，其驾驶速度有不同的标准和要求。

1）初级驾驶速度。顾客初次驾驶卡丁车，驾驶水平较低时，可以驾驶 80 cc 的无级变速赛车，驾驶速度一般在每小时 60 千米以内。

2）中级驾驶速度。顾客经常驾驶卡丁车，驾驶水平较高，可以驾驶 90 cc 的赛车，驾驶速度一般在每小时 100 千米以内。

3）高级驾驶速度。顾客除了有较高的驾驶水平，还想发展为一名高级职业赛车手，可以报名参加培训。在连续接受 8 小时的规范培训之后，成绩合格，即可以拿到有关部门颁发的车手证书，并成为卡丁车俱乐部的会员，可以驾驶 100 cc 的比赛型卡丁车，驾驶速度一般在每小时 150 千米之内。

（3）卡丁车的场地与车道

为了使具有初级和中级驾驶水平的顾客达到娱乐和运动的目的，并使具有高级驾驶水平的顾客在赛车道上体验到赛车的乐趣，饭店康乐部门一般为顾客提供的卡丁车运动场地面积为 1 000～2 000 平方米，车道的周长一般是 500～800 米，车道的宽度一般是 8～10 米，为了保证顾客驾驶卡丁车时的安全，在车道的周围都放有用于缓冲的汽车轮胎或橡皮气垫等（见图 4—19）。

图 4—19　卡丁车场地与车道

图 4—20　卡丁车装备

（4）卡丁车的配套设施设备

饭店康乐部门为了保证顾客驾驶卡丁车时的安全，应为顾客提供卡丁车配套设施设备，主要有头盔、赛车服、赛车鞋、手套和各种装饰品（见图 4—20）。

1）头盔。凡是驾驶卡丁车的顾客必须佩戴头盔，所佩戴的头盔必须是赛车头盔，比普通头盔耐磨、耐撞，抗冲击力强，并采用流线造型，在行进中阻力较小，使顾客能安全地疾驰在跑道上。

2）赛车服。赛车服指顾客参与卡丁车娱乐运动或比赛时必须穿的配套服装，要求颜色统一，且具有防火与保暖的功能。

3）赛车鞋。赛车鞋指顾客在驾驶卡丁车时脚上必须穿的特制鞋。其鞋底柔软，鞋面耐磨，灵敏性高，并保证顾客驾驶的自由度。

4）手套。康乐部为顾客提供的赛车手套不仅具有保暖、透气作用，还要保证顾客在驾驶卡丁车时动作协调、准确和灵活。

5）装饰品。参与卡丁车娱乐运动的顾客，大多都是青少年顾客，或具有童趣的运动型中年顾客。为了吸引顾客的眼球并使卡丁车更漂亮与美观，康乐部一般都会为卡丁车配备各种漂亮的装饰品，如鲜艳的小红旗、精致的赛车模型、精美的钥匙链等。

第二节 娱乐休闲项目的岗位设置与职责

娱乐休闲项目的经营管理状况与其他康乐服务项目相比，最大的不同之处就是其国际化程度和国际化要求较高。娱乐服务项目和内容必须随着市场和技术的迅速发展而变化。娱乐休闲项目通常设主管、领班、接待员、服务员等岗位，此外还要根据各项目的不同特点，设置不同的岗位。

一、棋牌室

康乐部在棋牌室设立的主要工作岗位，一般有棋牌室主管、领班、服务员等，具体如下：

1．棋牌室领班的岗位职责

棋牌室领班要受过棋牌室管理专业培训，懂得棋牌用具的日常维护保养方法，熟悉棋牌室各种设备及其活动规则，能妥善处理上下级和班组成员间的关系，能正确处理顾客投诉，与顾客保持良好的关系。棋牌室领班的岗位职责具体如下：

（1）负责制订棋牌室的工作计划和营利计划，负责棋牌室日常管理工作。

（2）安排下属员工的排班，负责布置服务员的工作任务。

（3）负责检查棋牌室经营活动中的对客服务和接待工作，督导员工为顾客提供优质服务。

（4）检查员工的仪容仪表、劳动态度和工作效率，准确记录员工的考勤情况。

（5）检查棋牌室营业场地、机器设备的卫生情况和安全防范工作，并进行详细记录。

（6）维护棋牌室的正常营业秩序，劝阻顾客的违规行为和不文明举动，受理棋牌室顾客的投诉，并及时进行处理，保证营业活动的正常开展。

（7）经常对所属员工进行规章制度的培训，做好员工的考核评估工作，结合考核情况填写员工的过失单和奖励单。

（8）了解本行业竞争对手的经营状况，并提出合理化建议。

（9）负责每日召开班前布置会和班后总结会，认真总结服务经验，做好工作记录，严格执行交接班制度。

2．棋牌室服务员的岗位职责

棋牌室服务员要熟悉棋牌室的服务特点和服务项目，具有服务知识和棋牌相关知识，能够熟练使用棋牌室内的各种设施设备，为顾客提供满意的服务，能适应夜班工作，有较强的饭店产品推销能力。棋牌室服务员的岗位职责具体如下：

（1）负责棋牌室营业前各种物品的准备工作，对设施设备进行营业前的检查。

（2）负责棋牌室的接待服务工作，包括预订、领位、介绍项目和收费标准、结账等服务。

（3）根据顾客需要为顾客示范、讲解各种棋牌游戏的活动规则及使用方法。

（4）随时巡视棋牌室现场的情况，避免意外事故的发生。

（5）主动做好设备巡查工作，发现设备故障，立即维修或报修。

（6）负责棋牌室场地和设施设备的清洁卫生工作，保持棋牌室良好的环境。

（7）对棋牌室的各种器具、用品进行保养。

（8）负责酒水、饮料的推销服务。

（9）上下班前需认真清理棋具、牌具。

（10）认真做好营业期间的消防、安全防范工作，注意观察，发现问题及时汇报。

（11）及时处理棋牌室发生的各种突发事件。

二、夜总会

康乐部在夜总会设立的主要工作岗位，一般有夜总会主管、领班、服务员等，有的夜总会还配有音响师，具体如下：

1．夜总会领班的岗位职责

夜总会领班要具有娱乐场所经营管理知识，做好设施设备的检查、调试、清洁，掌握质量标准，能够指导顾客娱乐活动，有示范能力，能正确处理顾客投诉，语言清晰规范。夜总会领班的岗位职责具体如下：

（1）负责制订夜总会的工作计划和营利计划，负责夜总会日常管理工作。

（2）负责检查夜总会经营活动中的对客服务和接待工作。营业中不断巡视各区域的运作情况，督导员工为顾客提供优质服务。

（3）检查员工的仪容仪表、劳动态度和工作效率，准确记录员工的考勤情况。

（4）检查夜总会营业场地、机器设备的卫生清洁情况和安全防范工作，并进行详细记录。

（5）定期检查夜总会设备、设施使用和保养情况。如有损坏须立即报修，并对维修结果进行检查，确保设备的良好运转。

（6）协助保安人员维持夜总会秩序，劝阻顾客的违规行为和不文明举动，受理顾客的投诉并及时进行处理，保证营业活动的正常开展。

（7）贯彻执行上级的指示，保持信息沟通，完成康乐部经理交办的其他工作。

2．夜总会服务员的岗位职责

夜总会服务员要受过饭店服务专业训练，具备良好的心理素质，熟悉卡拉OK厅、歌舞厅、夜总会的基本知识和服务程序，熟悉酒水知识，熟悉时下流行歌曲的旋律和歌名，熟悉音响设备和介质的正确使用和保管要求，能为顾客提供标准化服务，能适应夜间服务。夜总会服务员的岗位职责具体如下：

（1）负责夜总会、卡拉OK厅、歌舞厅营业前各项物品的准备工作，对设施设备进行营业前的安全检查，调试好设备。

（2）热情周到地为顾客服务，耐心解答顾客提出的问题。

（3）负责夜总会、卡拉OK厅、歌舞厅场地和设施设备的清洁工作，保持环境整洁，空气清新，符合质量标准。

（4）熟悉夜总会、卡拉OK厅、歌舞厅娱乐设备设施、娱乐项目的特点和节目安排情况。

（5）负责夜总会、卡拉OK厅、歌舞厅设施设备的日常保养，以及简单的故障排除工作。

（6）负责提供酒水、饮料、小吃，以及点歌、送花等服务，积极有效地推销各种酒水。

（7）维护娱乐场所秩序，协助领班排解顾客之间的纠纷，保证娱乐活动的正常开展。

（8）认真做好营业期间的消防、安全防范工作，注意观察，发现问题及时汇报。

（9）及时处理夜总会、卡拉 OK 厅、歌舞厅发生的各种突发事件。

（10）认真贯彻交接班制度，详细做好交接班工作记录。

三、酒吧

康乐部在酒吧设立的主要工作岗位，一般有酒吧主管、领班、服务员等，有的酒吧还配有调酒师等，具体如下：

1．酒吧服务员的岗位职责

酒吧服务员要能维护和保养酒吧的各种服务器皿、用具和设施设备，熟练运用酒吧对客服务规范语言，能处理顾客醉酒后事宜，具有较强的人际交往能力和语言能力，具有较强的饭店产品推销能力。酒吧服务员的岗位职责具体如下：

（1）协助调酒师做好酒吧营业前的各项准备工作，依据酒吧的规模备好饭店规定数量的酒单和台卡。

（2）迎接并问候来酒吧消费的顾客，为顾客提供酒水和佐酒小吃。

（3）顾客就座后，酒吧服务员应将酒单打开至第一页，双手递送给顾客，请其点酒水。

（4）能够向不同的顾客介绍不同的酒水和饮料。

（5）随时巡查，注意观察每桌顾客的消费情况及顾客示意需要的服务，收走空酒瓶和用过的杯、碟等。

（6）下班前清点所有的用品及用具，摆放于指定的地方并妥善保管。

2．酒吧调酒师的岗位职责

酒吧调酒师要掌握各种酒的产地、物理特点、口感特性、制作工艺、品名和饮用方法，要有丰富的酒水知识和高超的调酒技能，具有和顾客交流的能力。酒吧调酒师的岗位职责具体如下：

（1）酒吧营业前半小时，完成工作前的准备工作。

（2）检查酒水的损耗是否合理，研究减少损耗的方法，控制酒水的成本。

（3）协助领班做好酒水和用具等的每月盘点和记录。

（4）熟记常见鸡尾酒的酒单，掌握鸡尾酒的调配技巧。

（5）掌握葡萄酒知识，并能够鉴定酒的质量、年份等。

（6）积极活跃地带动饮酒氛围，并适时进行鸡尾酒促销。

（7）每日根据规定和要求进行花式调酒表演，勤练花式动作，减少失误，并不断增加花式动作，提高观赏性。

（8）在日常工作中积极推陈出新，把握鸡尾酒的口感和配方。

四、游艺类项目

康乐部在游艺类项目中设立的主要工作岗位，一般有主管、领班、服务员等，有的还设有换币员，具体如下：

1．游艺类项目领班的岗位职责

游艺类项目领班要熟练操作各种游艺设备，熟悉各种游艺设备的活动规则，具有游艺类项目的营业管理知识，能妥善处理上下级和班组成员间的关系。游艺类项目领班的岗位职责具体如下：

（1）负责制订游艺类项目的工作计划和营利计划，负责游艺类项目日常管理工作。

（2）制订游艺类项目员工岗位技能培训计划，按照培训计划对员工进行业务培训，不断提高其服务技能。

（3）负责检查游艺类项目经营活动中的对客服务和接待工作，督导员工为顾客提供优质服务。

（4）检查员工的仪容仪表、劳动态度和工作效率，准确记录员工的考勤情况。

（5）检查游艺类项目营业场地、机器设备等的卫生情况和安全防范工作，并进行详细记录。

（6）定期检查游艺类项目设备设施的使用和保养情况，如有损坏须立即报修，并对维修结果进行检查，确保设备的良好运转。

（7）协助保安人员维持游艺类项目的正常营业秩序，劝阻顾客的违规行为和不文明举动。

（8）受理顾客的投诉并及时进行处理，保证营业活动的正常开展。

（9）根据游艺类项目运营情况及市场情况，适时地提出游艺类项目的更新计划，并上交康乐部经理审批。

2．游艺类项目服务员的岗位职责

游艺类项目服务员要熟悉游艺类项目的服务特点和服务程序，熟练操作游艺类项目的各种设备，熟悉游艺类项目的规则，能适应夜班工作。游艺类项目服务员的岗位职责具体如下：

（1）负责游艺类项目营业前各项物品的准备工作，对设施设备进行营业前的安全检查。

（2）热情周到地为顾客服务，耐心解答顾客提出的问题，为顾客示范、讲解各种游艺类项目的规则和操作方法。

（3）负责游艺类项目场地和设施设备的清洁工作，保持环境整洁，空气清新，符合质量标准。

（4）在顾客游艺过程中进行巡视，并随时帮助顾客解决问题，负责游艺类项目设施设备的使用保养和简单故障的排除工作。

（5）负责酒水、饮料、小吃的推销工作。

（6）对顾客的消费进行登记，协助顾客办理结账事宜。

（7）顾客离开后，根据规范及时关闭、整理、清洁顾客使用过的游艺类项目。

（8）维护娱乐场所秩序，协助主管排解顾客之间的纠纷，保证娱乐活动的正常开展。

（9）认真做好营业期间的消防、安全防范工作，注意观察，发现问题及时汇报。

3．游艺类项目换币员的岗位职责

游艺类项目换币员的工作是为顾客提供各类游艺币的兑换，需要熟练操作各种游艺类设备，熟悉各种设备的操作规则，身体健康、精力充沛，能适应夜班工作。游艺类项目换币员的岗位职责具体如下：

（1）掌握游艺类项目各设施设备的运行情况，如有故障，须及时上报维修。

（2）为游艺类项目的顾客提供换币服务。

（3）定期回收游戏币，保证游戏币的流通数量。

（4）检查游戏币的使用状况，发现损坏及无法使用的，应立即提出更换申请，并报领班审批。

（5）对顾客的消费情况进行登记。

（6）核对、发放游戏奖品，并做好记录。

第三节　娱乐休闲项目的服务

一、娱乐休闲项目服务流程

娱乐休闲项目包括棋牌室、夜总会、卡拉 OK 包间、酒吧、游艺机、飞镖、卡丁车等，此类娱乐休闲项目的服务流程见表 4—1。

表 4—1 娱乐休闲项目服务流程

工作流程	工作内容及要求
预订工作	接到预订后，主动向顾客介绍相关项目的设施和价格，询问并记录顾客的要求、人数、抵达时间、姓名等；复述确认后，应向顾客说明预订所保留的时间，并向顾客致谢。预订确认后，要立即通知有关服务部门提前做好服务准备 如遇顾客所需的项目已被预订，要主动介绍其他类似的项目
岗前准备工作	1. 仪容仪表准备 穿好工服，佩戴胸卡，整理仪容仪表，提前到岗，向领班报到，参加班前会，接受领班检查及分工
	2. 设施设备准备 检查服务用品和其他客用品，对客用品进行消毒，使其符合卫生标准；如发现破损及时更换，补齐各类营业用品和服务用品，整理好营业所需的桌椅；开窗或打开换气扇通风，整理好场地、休息区，清洁室内环境；接通所有电源，打开游艺类项目开关，调节好夜总会、酒吧灯光
	3. 服务内容准备 查阅值班日志，了解顾客的预订情况和上一班次员工交待的其他未完成的工作，准备好各种营业表单 最后再检查一次服务工作的准备情况，再次整理仪容仪表，做好迎客准备
迎宾服务工作	1. 热情迎宾 顾客到来时，服务员应面带微笑，主动热情地问候顾客，询问顾客是否有预订。若有预订，则确认预订内容、办好相关手续后直接将顾客引领至预订的位置；若无预订，则根据顾客要求和场地使用情况，迅速为其安排场地
	2. 包厢迎宾 棋牌室、KTV 包厢等，在顾客到来时要将灯光调节到最佳亮度，空调温度调到适宜，必要时可以在包厢内摆放鲜花；顾客进入包厢后，提醒顾客遇到问题及时通知服务员
接待服务工作	1. 棋牌室 服务员应主动引领顾客到合适的位置，帮助顾客挂好外衣和帽子，迅速准备好棋牌等用具，根据顾客要求讲解各种棋牌活动的规则，必要时应为顾客做示范 顾客在进行棋牌活动时，服务员应退出房间，站在适当的位置，随时听候顾客的吩咐
	2. 夜总会 顾客入座后，点燃桌上蜡烛，送上点歌卡和酒水单，请顾客点用，解答顾客的问询并适时地介绍和推荐酒水 收回酒水单和点歌卡，并记下台号、时间及人数，将单据送至吧台及音响控制室 用托盘端送酒水、饮料、果点并报出名称，请顾客慢用

续表

<table>
<tr><th>工作流程</th><th>工作内容及要求</th></tr>
<tr><td rowspan="4">接待服务工作</td><td>3. KTV 包间
安排顾客就座，将顾客安排在面向 KTV 屏幕的位置；帮助顾客打开电视、调节音响或通知音控室开机；按照顾客要求调好电视、功放（效果器打开），灯光调到柔和状态，音乐调到最佳效果；向顾客介绍歌单内容，推荐歌曲；向顾客介绍点歌器、遥控器的使用方法及注意事项；将免费提供的小吃、水果端放在茶几上，并为顾客倒茶；迅速向顾客递送酒水单，根据人数多少，可递送多份，方便顾客点单</td></tr>
<tr><td>4. 酒吧
顾客入座后，服务员应马上递上酒水单，稍等片刻后，应向顾客介绍酒水和鸡尾酒的种类，并耐心回答顾客的有关提问
开单后，服务员要向顾客重复一遍所点酒水的名称、数量并确认，以免出错；服务员要记住每位顾客所点的酒水，以免送酒时送错</td></tr>
<tr><td>5. 游艺项目
接待不熟悉游艺项目的顾客时，应耐心地说明游戏方法，并进行必要的示范，随时根据顾客需要，及时、热情地提供饮料、小吃服务
在顾客获奖时，服务员要及时检验、开单，并向顾客祝贺，按规定发放奖品，大奖要由领班或主管签字
顾客娱乐结束后，如有未用完的游戏币，服务员应引导顾客到服务台将其兑换为现金</td></tr>
<tr><td>6. 巡查服务
顾客娱乐时，服务员要注意观察四周和顾客的活动情况，当发现顾客的酒水、饮料饮用完后，主动询问顾客是否需要添加；当顾客有其他需要时，主动询问</td></tr>
<tr><td rowspan="3">结账送别工作</td><td>1. 结账服务
顾客示意结账时，服务员应主动上前，将账单递送给顾客，收款后立即将单据及余款找还顾客，并向顾客致谢
对要求签单挂账的顾客，服务员应请其出示房卡并与前台收银处联系，待确认后要请顾客在账单上签字，并认真核对顾客的笔迹</td></tr>
<tr><td>2. 送别顾客
顾客离开时要主动提醒其不要忘记随身物品，并帮助顾客穿戴好衣帽；送顾客至门口并礼貌地向顾客道别，欢迎其下次光临
顾客走后，服务员要及时检查、清理更衣柜，若有顾客遗忘物品，应向领班或主管汇报，并进行登记，以便及时归还顾客</td></tr>
<tr><td>3. 清洁整理
顾客走后，服务员要及时清洁台面并整理桌椅，准备迎接下一批顾客的到来</td></tr>
</table>

二、娱乐休闲项目服务注意事项

1．棋牌室服务注意事项

（1）当顾客进入包间时，服务员应熟练打开麻将机电源开关，将两副牌分别洗好并示意顾客可以开始使用。对初来不会使用麻将机的顾客，服务员应仔细介绍其使用方法和注意事项，以及包厢内物品用具的配备情况。

（2）顾客在玩棋牌时，服务员应退出房间，站在适当的位置，随时听候顾客的吩咐。

（3）服务员应定时巡视棋牌室，为顾客提供茶壶续水或更换茶叶服务，随时提供面巾，清理烟灰缸，擦干茶几上的水迹，收拾地面上的杂物等。

（4）服务员应注意顾客的状况，发现顾客之间发生纠纷时，要及时排解。

2．夜总会服务注意事项

（1）服务员要主动向顾客介绍酒水、饮料及小吃，应能够准确地向顾客介绍酒牌上所有酒水、饮料及小吃的特点、调制方法、配料、饮用方式和制作时间等，并能根据顾客的喜好提供建议、做好推荐。

（2）服务员从托盘内拿取饮品时，应面向顾客侧面，左手要随同向外侧移动，以保持托盘和身体平衡，如顾客在唱歌，则不应挡住顾客的视线。

（3）服务员应注意随时帮顾客添加饮品，在顾客同意的情况下，及时收走空果盘，以及不用的酒杯和空酒瓶，并清理桌面杂物，保持台面的清洁。

3．酒吧服务注意事项

（1）服务员应引领顾客到合适的座位入座，一般单个顾客喜欢到吧台前的吧椅就座，对两位以上的顾客，可领其到小圆桌入座，入座时遵照“女士优先”的原则。

（2）酒水单一式三联，服务员填写时要写清日期、台号、酒水品种、数量、经手人及顾客的特殊要求等。第一联交收银台记账，第二联由收银员盖章后交吧台取酒水，第三联由调酒师保存。

（3）当吧台前的顾客杯中的酒水不足1/3时，调酒师可建议顾客再来一杯，适时推销。

（4）如果顾客调换座位，服务员应及时做好跟杯服务。

4．游艺类项目服务注意事项

（1）在游艺机服务区，不允许设置老虎机等赌博型游艺机，游艺机电子显示屏显示的图像必须健康向上。

（2）服务员要委婉地提醒利用电子游艺机进行娱乐的顾客，不要利用其从事任何非法活动。

（3）服务员应做好卡丁车头盔、赛车服与赛车鞋等设备的租赁服务工作，并请顾客戴好头盔，穿好赛车服，冬季要提醒顾客戴好手套。

三、模拟对话

1．模拟对话一

顾客：服务员，请过来一下。

服务员：您好，先生，有什么可以帮您的吗？

顾客：这一台机器不好用，请帮我看看。

服务员：先生，您稍候，我帮您检查一下。

顾客：好的。

服务员：先生，机器没有问题，这一台机器需要投入四枚游艺币才能进行游戏。

顾客：哦，是吗？

服务员：是的，您只投入了两枚游艺币，需要再投入两枚方可进行游戏。

顾客：哦，原来是这样的。

服务员：我再帮您投入两枚。

顾客：好的。

服务员：先生，您现在可以使用了。

顾客：好的，谢谢你。

服务员：不用客气，如果有需要，您可以随时召唤我，祝您游戏愉快！

2．模拟对话二

服务员：先生，您唱得真好。

顾客：是吗？谢谢夸奖。

服务员：您的嗓音太好了，唱起歌来很动听。

顾客：是吗？

服务员：您唱的都是最新歌曲，看来您比较喜欢流行歌曲。

顾客：是啊。

服务员：我们歌厅今天新增了最新的流行曲目，是否需要帮您点几首？

顾客：好的。

服务员：您看这一首可以吗？

顾客：太好了，这首歌我刚学会，正想唱呢。

服务员：好的，先生，已经点好了，我们可以欣赏您的美妙之音了。

四、娱乐休闲项目服务常见问题处理

1．顾客在夜总会喝醉酒

当发生顾客醉酒事件时，服务员应迅速告知场地负责人，并为顾客送上冰毛巾，还可送上些能帮助顾客醒酒的饮料，如橄榄汁、热茶、咖啡或糖水等。在条件允许时，请他人或顾客的朋友帮助将醉酒顾客扶入客房休息，以免影响其他顾客娱乐，并不时地去关照顾客，提供服务。如醉酒顾客开始骚扰其他顾客，服务员应极力劝阻，劝阻无效时，可报告值班经理或请保安部前来帮助解决处理。如顾客醉酒很严重，可以请饭店医务室或就近医院的医生前来为醉酒顾客就诊，或者是送顾客到医院，将顾客安顿好，直到顾客有好转的迹象，方能离开。

2．顾客请服务员陪舞、陪喝酒、陪唱歌

出现这种情况，服务员应平静对待、婉言谢绝，并请示值班经理。值班经理应礼貌地首先向顾客表示道歉，告知由于工作关系，服务员无法抽身。

同时，应根据现实情况判断顾客的意图，例如：老顾客介绍新顾客跟服务人员认识时，场地值班经理不必推辞，主动自我介绍后，象征性喝一杯酒表示敬意；当顾客唱歌走调示意服务员帮忙带唱时，服务员在请示领班同意后陪顾客唱一曲表示尊重。

3．在夜总会发现顾客争执

发现顾客争执时，服务员应立即赶到，沉着、冷静、妥善处理。服务员可以巧妙地转移视听，协商解决，不要就事论事地加以评判。如果自己处理不了，立即报告值班经理或请保安部来处理，以避免酿成更大事件，影响顾客和设备的安全。事后，服务员需将事件过程记录在案，上报有关部门。

4．顾客对消费账单有异议

顾客对消费账单表示异议时，通常有四种心态：

（1）顾客实际消费超过其可承受的范围，想通过争执、挑剔来获取打折。

（2）顾客对诸如最低消费、服务费、点歌费等费用不是很了解，产生异议。

（3）可能由于服务员工作失误，错算或多算，或者在消费之前，服务员未向顾客交待清楚某些费用，顾客产生受骗感，对账单产生异议。

（4）顾客喝酒过多，或不知晓同行人员的额外消费，对账单产生异议。

此时，服务员应心平气和地站立一旁，聆听顾客的意见，判断其意图，马上报告场地值班经理。值班经理出面，向顾客一一解释账单所列费用，提供详尽、明确的账单，并注意观察顾客的态度，不要让顾客觉得难堪或下不了台。如果顾客消费金额很高，值班经理可以给予一定的折扣，让顾客觉得有面子而获取心理满足，并建立良好的客户关系。如果遇到拒单或无理取闹的顾客，要及时报告值班经理并通知保安部来处理。

处理账单异议时，服务员及在场的管理人员要十分注意技巧和态度，要留给顾客自尊和面子。

5．顾客自带饮料

康乐场所通过推销饮料、酒水，获得经济效益。通常康乐场所禁止顾客自带饮料进入。

遇见此类情况，服务员应立即上前，提示顾客，可以帮助顾客先将自带饮料寄放在吧台或衣帽间，介绍顾客消费本场所的饮料酒水。若顾客执意要自带酒水饮料，可收取一定的开瓶服务费。

6．顾客要求延长服务时间

遇到这种情况时，服务员首先应婉转地问清顾客需延长的时间长短，然后请顾客继续娱乐，并请示领班或上级领导，在征得其同意后，立即回复顾客。如顾客所需延长时间太久，为了不扫顾客的兴致，应和顾客商量妥善处理，并告诉顾客收费的标准，欢迎他们再次光临。此外，还可以介绍饭店其他有 24 小时服务的场所。

7．棋牌室顾客需要送餐

顾客进行棋牌娱乐时，往往兴致很高，服务员应适时向顾客提供饮料供应、送餐等服务。

服务员向顾客提供送餐服务时，应先向顾客说明送餐服务所需附加的服务费用，以免引发顾客不必要的结账异议，并应在顾客提出要求后短时间内将所需食品送至。食品送至后，服务员应为顾客提供餐桌，避免顾客直接在棋牌桌上用餐。服务员应及时打扫场地卫生，自始至终向顾客提供舒心惬意的娱乐场所。

思考与练习

1. 现代饭店中，常见的娱乐休闲项目有哪些？
2. 列举饭店棋牌室内常见的棋牌类活动。
3. “卡拉 OK”包间有哪几种形式？和大厅“卡拉 OK”相比，“卡拉 OK”包间有哪些优点？
4. 酒吧常用的服务类型有哪几种？分别适用于什么场合？
5. 简述康乐服务人员向顾客推销酒水的技巧。
6. 简述游艺机的分类，以及每一类游艺机的主要特点。

7. 卡丁车的场地、车道和配套设施设备有哪些要求？

8. 夜总会的主要服务岗位有哪些？岗位职责分别是什么？

9. 棋牌室服务的注意事项有哪些？

10. 酒吧服务员和调酒师的工作职责有哪些区别？

11. 简述娱乐休闲项目，包括棋牌室、夜总会，KTV包间、酒吧、游艺类项目服务的标准流程。

12. 娱乐休闲项目服务常见的问题有哪些？应该如何处理？

第五章 养生保健服务

养生保健项目是指通过提供相应的设备、设施或服务作用于人体，使参与者达到放松肌肉、促进循环、消除疲劳、恢复体力、养护皮肤、改善容颜等目的的康乐活动。现代人工作压力大，节奏快，渴望放松身心，饭店康乐部正是在此种需求下，设置了洗浴桑拿、按摩保健和美容美发等常见养生保健项目，创造经济效益的同时，也满足了顾客多元化的养生保健需求。

本章介绍了饭店康乐部中常见养生保健项目的一般使用知识和保健知识，以及常见养生保健项目的岗位设置、岗位职责、标准服务流程和特殊情况的处理方法。

学习目标

☆了解饭店康乐部中常见养生保健项目的类型及特点。

☆熟悉常见洗浴方式的种类、洗浴流程和洗浴禁忌。

☆掌握桑拿浴服务的基本内容，熟练操作桑拿房的设施设备。

☆了解按摩的种类、基本手法和足底反射区知识。

☆了解养生保健项目服务的岗位设置情况和岗位职责。

☆掌握洗浴、按摩、美容美发等养生保健项目的标准服务流程。

☆能够灵活处理养生保健项目服务中的常见问题。

☆掌握养生保健项目设施设备维护和卫生处理的相关知识。

☆能够明确地向顾客讲解某种养生保健项目的基本知识，并能根据顾客需要提供相关服务。

第一节　养生保健项目简介

一、洗浴

洗浴是人们在日常生活中的一种清洁方式，不但能够清洁个人卫生，而且具有提神解乏的功能。现代社会中，洗浴已经不只是一种清洁方式，而是随着社会的进步与人们对健康的高要求而演变成能促进养生、保健的活动。洗浴的方式也趋于多样化，常见的有桑拿浴、药浴、温泉浴、矿泥浴、盐浴、光波浴、牛奶浴、鲜花浴等。

1．桑拿浴

桑拿浴即蒸汽浴，“桑拿”是英文“Sauna”的音译。它通过专用的蒸汽设备，使人在高温、高湿的环境中充分排汗，以达到保健的目的。

（1）桑拿浴的类型

1）干蒸（干桑拿）。干蒸起源于芬兰，故又称芬兰浴。它是指洗浴者坐在特制的木房内，在热炉上烧烤特有的岩石，使其温度达到 70℃ 以上，然后再根据自己的需要往岩石上泼水，以产生冲击性的蒸汽供其沐浴。人体接受高温的烘烤，体内蒸发大量水分，达到充分排汗的目的。干蒸的设备是干蒸房，常见干蒸房如图 5—1 所示。干蒸较适合油性皮肤的人。

2）湿蒸（湿桑拿）。湿蒸起源于土耳其，故又称土耳其浴。它是在温度很高的室内通过不断在散热器上淋水，或是根据需要控制专用的蒸汽发生器的阀门，使浴室内充满浓重的湿热蒸汽，沐浴者仿佛置身于热带雨林中，又闷又热，大汗淋漓，从而达到充分清理体内垃圾的目的，常见湿蒸房如图 5—2 所示。女性多乐于选择湿蒸，蒸完后皮肤往往较红润。

（2）桑拿浴的设备设施

一个完整的桑拿房通常由干蒸房、湿蒸房、热水池（水温 45℃ 左右）、温水池（水温 38℃ 左右）和冷水池（水温 8℃ 左右）等设备设施构成。

（3）洗桑拿浴的流程

桑拿浴的整个沐浴过程存在着强烈的冷热刺激，血管得到不断的收缩和扩

图 5—1　干蒸房

图 5—2　湿蒸房

张，运动生理学上称之为“血管体操”。正确的洗浴方法能增强人体血管弹性、预防血管硬化、提高人体的免疫力。正确的桑拿洗浴流程见表 5—1。

表 5—1　　正确的桑拿洗浴流程

步骤	注意事项
1. 温水沐浴	洗去身上的浮尘和皮屑
2. 温水池浸泡、干蒸或湿蒸	浸泡、干蒸或湿蒸 10 ~ 15 分钟，直到全身排污或全身发热
3. 冷水池浸泡	浸泡 5 ~ 10 秒钟
4. 干蒸或湿蒸	
5. 反复步骤 2 ~ 4 三次	
6. 淋浴	在淋浴间将全身洗净
7. 在休息室休息或按摩	换上专用衣裤

2．药浴

根据中医理论将某些中药加以配制，煎熬成一定比例的浓缩液，在有效期内投放于一定比例的温水中，顾客根据不同的功效与自身的要求选择泡浴，这种洗浴方法称为药浴。桑拿浴后，人的表皮毛细血管扩张，血液循环加快，此时进行药浴，有利于吸收药剂成分，达到治病强身的效果。药剂按其作用可分为疏风清热、解表发汗、祛风止痒、护肤增白、健脑醒神、消除疲劳和健身止痛等几种。洗浴后再进行推拿，效果更佳。瑶浴、苗浴和藏浴等少数民族的药浴方式也很受欢迎。

中国现代药浴还处于开发阶段，尽管服务、卫生等方面还有待完善，但将洗浴与保健结合在一起是一项比较有发展潜力的康乐服务内容。

3．温泉浴

温泉是泉水的一种。从地下自然涌出的水，泉口温度显著高于当地年平均气温而又低于（等于）45℃的地下水天然露头，称为温泉。温泉含有对人体健康有益的微量元素。

根据水质不同，温泉一般分为中性碳酸泉、碱性碳酸氢钠泉、盐泉和硫磺泉四种。温泉的水质不同，则具有不同的疗效。

图 5—3　温泉浴

享受温泉浴有“浸、淋、泳”三种方式（见图 5—3）。“浸”就是在不同温度的池中反复浸泡，能承受高温度的洗浴者在 40℃的温泉池中浸泡，感觉特别刺激，皮肤好像有千万支细针进行针灸治疗。“淋”是在温泉花洒前由头至脚全身喷淋，或者用木桶盛起温泉水多次喷淋。“泳”就是在温泉泳池中畅游，热力按摩加上游泳锻炼，强度较高。

知识链接

温泉浴的注意事项

1. 避免空腹、饭后、酒后泡温泉，泡温泉与吃饭时间至少应间隔一小时。

2. 结合自身需要选择高、中、低温度的温泉池，一般从低温到高温，每次 15～20 分钟即可。

3. 温泉不宜长时间浸泡，否则会有胸闷、口渴、头晕等现象。在温泉中感觉口干、胸闷时，应离开温泉上岸休息，或喝点饮料补充水分。

4. 高血压、心脏病患者起身时应谨慎、缓慢，以防血管扩张、血压下降导致头昏眼花而跌倒。

5. 泡温泉后，人体水分迅速蒸发，要注意多喝水。

二、按摩

按摩是由专业人员运用推、拿、揉、按、滚、摩、摇、扳、牵、振、拨、捻、弹、扣、扫、挤等特定的手法或设备器械对顾客身体的某些部位或经络进行按压，从而达到促进血液循环和经络通畅、消除疲劳、恢复体力、振奋精神的一种养生保健项目。

饭店康乐部的按摩室通常与桑拿浴室结合在一起，因为顾客在进行桑拿浴后会感到乏力，通过按摩这种辅助手段能够彻底消除疲劳。

1．按摩的分类

（1）人工按摩

受过专业训练的按摩人员运用各种手法和技巧，作用于人体体表的特定部位，从而达到放松肌肉、促进血液循环的目的，这种按摩方式称为人工按摩。

人工按摩的收费是按“钟”计算的，一个钟有45分钟、50分钟、60分钟等多种。顾客在享受一个钟的服务后可以自由选择是否加钟。人工按摩收费有两种形式，一种是由按摩管理部门直接收取，另一种是与桑拿服务一起收费。为了避免跑单漏账现象的发生，服务人员应及时将顾客的消费单送至桑拿浴中心服务台和收银台，以便办理结账手续。

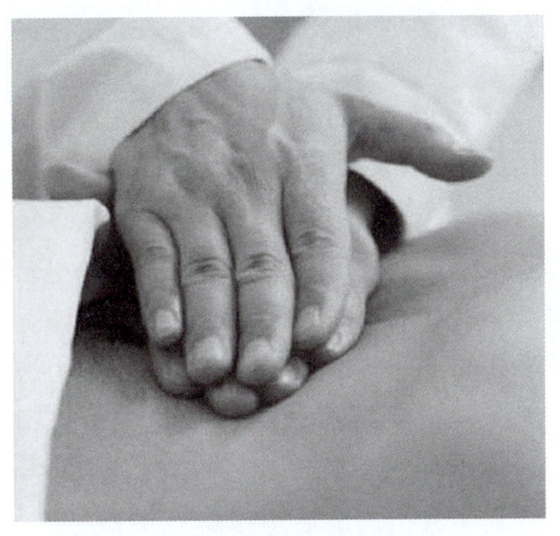

图 5—4　中医保健按摩

1）中医保健按摩。中医保健按摩是饭店按摩室最常见的服务项目，是以消除疲劳为主要目的的按摩方式（见图5—4）。按摩师通过双手对顾客身体、头部、手脚进行抚揉、按压和叩击，刺激穴位，有益于放松肌肉，达到治病、放松、健身的目的。

2）港式保健按摩。港式保健按摩又称推油按摩，包括踩背、推油、热敷、指压、手法按摩五道程序，是东、西方按摩方式的结合，能够消除疲劳、振奋精神。

3）反射区保健按摩（简称足按摩）。人体各器官在足部都有一个固定的反射区。按摩该反射区，可调整相应器官的功能和内分泌功能，促进血液循环，达到健身、治病的效果。

知识链接

足底反射区按摩

足底反射区按摩疗法起源于中国，数百年前流传到国外，在日本、东南亚广为流传。随着改革开放，这一传统的治病手段又重新回到祖国。在诸多专家、学者的努力下，足底反射区按摩疗法不论从理论上还是从具体的操作手法的运用上，都焕发了活力。从生物全息论的角度，足部区域相当于反映全身信息的一个全息胚。由于足部血管神经分布密集，足三阴、三阳经在脚部相互贯通，通过经络系统与全身连通，所以说，足部是人体信息相对集中的地方。各种生理病理的信息均可在足部显现出来。临床运用时，针对不同的病情，选择一定的反射区进行组合，通过推拿手法和刮痧疗法对足部反射区进行刺激，可以调整相应脏腑经络气血的功能，从而达到治疗疾病的目的。

4）泰式保健按摩。泰式保健按摩（见图5—5）是流行于泰国的一种按摩方式，发源于古印度的西部，有四千多年历史。

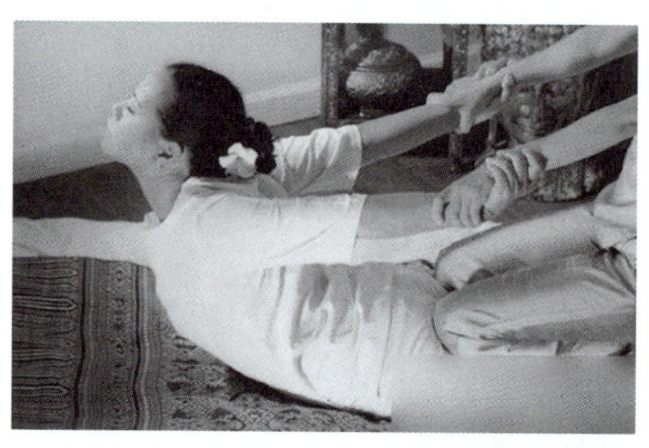

图5—5　泰式保健按摩

泰式保健按摩以活动关节为主，手法简练而实用，是保健的较佳手法之一。它采用跪式服务，左右手交替动作，用力柔和、均匀，速度适中，依顺序进行。浴后进行泰式保健按摩，可以使人快速消除疲劳，恢复体能，还可增强关节韧带的弹性和活力，恢复正常的关节功能，达到促进体液循环、保健防病、健体美容的功效。

5）日式保健按摩。日式保健按摩的基本特点是指压，它是以肢体或手指作为支撑点，利用自身的体重，向肢体的中心部位垂直施力，从而达到促进人体皮肤新陈代谢、增加皮肤弹性、消除人体疲劳、预防和减缓血管硬化等目的。

6）韩式保健按摩。韩式保健按摩又称韩式松骨，它汲取了中式按摩、泰式按摩、日式按摩、港式按摩的精华，以拿为主，提、拉为辅，以沉缓的力度、温柔的语言动作和独特的跪背使顾客全身心放松。

（2）机器按摩

机器按摩是通过专门设备产生振动效果作用于人体，达到按摩效果的按摩方法。根据设备和振动方式不同，按摩机器可分为身体机能调理运动器、电动按摩椅、热能震荡按摩器、水疗美容按摩床等。机器按摩一般是按分钟计费的。

2．按摩的主要设施设备

按摩室主要由排钟台（兼迎宾服务台功能）、男部按摩区（室）与女部按摩区（室）构成。

（1）按摩床

按摩床一般长度为 200 厘米，宽度为 80 厘米，按摩师活动的面积通常按照单床区域面积的 150%～160% 设置，但最小不应少于 15 平方米的使用面积。

（2）排钟台

排钟台是指按摩服务区的迎宾服务台，是为顾客提供按摩服务的指挥中心和按摩师与顾客之间的联系纽带。

（3）附属设施设备

按摩室通常还设置卫生间，配备电视机、沙发、茶几、落地灯、柜橱等设备。

三、美容美发

近年来，随着社会的发展和人们生活水平的提高，美容美发行业加入了越来越多的享乐性成分，逐渐成为保健业的一部分。美容美发成为人们在工作之余消除疲劳、愉悦身心的方式之一。现代人对美容美发的需求是十分稳定的，特别是对皮肤的护理往往都是定期的，因此饭店康乐部一般都设有美容美发项目，由于大部分顾客往往同时要求提供两个项目的服务，通常将美容和美发设置在同一个区域。

1．美容美发室的功能分区

美容美发行业是一种卫生行业，美容美发室是公共场所，它不仅要给人们创造美，也带来清洁和享受。根据卫生部门的要求，美容美发室布局应根据功能进行划分，即美发与美容分开，操作区与等候区分开，剪发与烫发分开，员工休息区、更衣区与营业区分开等。

一般来讲，美容美发室可分为三大功能区域：

（1）顾客接待区

顾客接待区是招待顾客的地方，通常设置沙发，提供书刊，顾客在这里也能接受一些增值服务，如发型设计、形象设计、皮肤类型鉴定等。

（2）美容区

美容区的设计以温馨整洁为主，应播放轻松欢快的背景音乐，使顾客精神放松，以最佳状态接受护理。一些有条件的美容院，还可另外开辟一个区域作为小型美容手术室，为顾客提供割双眼皮、文眉等美容手术。但美容手术必须由受过专门医学训练的医师主持，专业技术要求很高，饭店一般不提供此项服务。

（3）美发区

美发区所有美发设备的摆放要简洁整齐、科学合理，以最大限度方便顾客为宗旨，尽量减少顾客的移动。美发区专用的美发设备有吹风机、烘发机、剪子、各类梳子，以及美发椅、美发镜台、美发工具车等辅助设备。

2．美容美发的项目类型

饭店中提供的美容项目主要有面部护理（清洁、脱屑、按摩、面膜）、肩颈部护理、手部护理及美化、化妆（日妆、晚妆、新娘妆）等。

饭店中提供的美发项目主要有洗发按摩、修剪吹风、烫发染发、盘发造型等。

第二节　养生保健项目的岗位设置与职责

养生保健项目涉及运动医学、临床医学、生物化学等科学理论知识，顾客享受到的服务水平主要取决于有关服务人员的专业技术水平。因此，养生保健项目的服务员与管理人员必须具有一定的上岗条件和资格，才能确保顾客的身心安全和相关权益。康乐部在养生保健项目中通常设主管、领班、接待员、服务员、按摩师等岗位，此外还要根据各养生保健项目的不同特点，设置不同的岗位。

一、洗浴

洗浴项目包括桑拿浴、药浴、温泉浴、足浴等，康乐部在洗浴项目中设立的主要工作岗位，一般有洗浴服务主管、领班、服务员等，具体如下：

1．洗浴项目领班的岗位职责

洗浴项目领班要具有较丰富的桑拿专业知识和人事管理、物资管理、设备管理知识，懂得设施设备的日常维护保养方法，受过洗浴项目管理的专业培训，能妥善处理上下级和班组成员间的关系，能正确处理顾客投诉。洗浴项目领班的岗位职责具体如下：

（1）负责制订洗浴项目的工作计划和营利计划，负责洗浴项目日常管理工作。

(2) 制订洗浴项目员工岗位技能培训计划，按照培训计划对员工进行业务培训，不断提高其服务技能。

(3) 安排下属员工的排班，负责布置洗浴项目服务员的工作任务。

(4) 检查员工的仪容仪表、劳动态度和工作效率，准确记录员工的考勤情况。

(5) 检查洗浴项目营业场地、机器设备的卫生情况及安全防范工作，并详细记录。

(6) 督导员工按有关操作规程合理使用和保养设备，定期检查洗浴项目设备、设施的使用和保养情况，如有损坏必须及时报修，并对维修结果进行检查，确保设备的良好运转。

(7) 受理洗浴项目顾客的投诉，并及时进行处理，保证营业活动的正常开展。

(8) 贯彻执行上级的指示，保持信息沟通。完成康乐部经理交办的其他工作。

2．洗浴项目服务员的岗位职责

洗浴项目服务员要熟悉浴场的服务规程和标准，能够为顾客提供满意的服务，能够维护和保养桑拿房器具及设施，能够为顾客讲解各种设施的使用方法，了解浴场服务方面的法律法规。洗浴项目服务员的岗位职责具体如下：

(1) 负责洗浴项目营业前各项物品的准备工作，对设备设施进行营业前的安全检查。

(2) 负责洗浴项目的预订、开单、接待服务工作，根据预订信息，为顾客安排浴室、房间和服务员等。

(3) 负责记录每位顾客进入浴室的时间，与按摩师、足浴师合作做好洗浴项目的各项工作。

(4) 要熟练掌握洗浴项目流程，指导顾客正确使用洗浴设备。

(5) 负责洗浴项目场地和设施设备的清洁卫生工作，使其各项卫生指标达到规定的标准。

(6) 定时巡查，注意观察，发现问题及时汇报。

(7) 负责洗浴项目的安全防范工作，向顾客讲明注意事项，提醒顾客注意安全。

(8) 负责维护、保养洗浴项目的设备设施，保证其运转正常。

(9) 及时处理各种突发事件。

(10) 为顾客提供饮料、休闲食品及其他服务。

3．足浴师的岗位职责

足浴师要受过专业训练，并有一定的实践经验，熟练掌握足浴室工作内容和工作程序，具有医疗保健和按摩服务专业技术知识，熟悉人体足底穴位和按摩操作技巧，礼貌待客，工作讲究效率，责任心强。足浴师的岗位职责具体如下：

（1）按顾客要求和操作规程为顾客提供足浴按摩服务。

（2）能正确掌握和运用按摩的整套程序及各种指法，针对不同的顾客使用不同的按摩手法。

（3）在进行足浴按摩服务时，要掌握好时间、力度和部位等，严格按照程序进行操作。

（4）熟悉足浴室内各设施的功能和使用方式，主动向顾客介绍服务设施的使用方法及注意事项。

（5）顾客有不合理要求或异常举动时，根据实际情况礼貌地中断对该顾客的服务，及时向上级报告，妥善处理与顾客的关系。

（6）保持良好的职业道德，为顾客提供专业服务。

（7）坚守工作岗位，注意足浴室内动态，确保顾客的生命和财产安全。

（8）服从领班的工作安排，自觉按编排顺序进行工作，不得向顾客索取小费、礼物等。

二、按摩

按摩项目的岗位设置多指人工按摩服务，主要包括中医按摩、足疗按摩、精油按摩、泰式按摩、日式按摩等。康乐部在按摩项目中设立的主要工作岗位，一般有按摩服务主管、领班、服务员、按摩师等，具体如下：

1．按摩室服务员的岗位职责

按摩室服务员要受过服务业按摩专业训练，熟悉卫生保健知识和按摩推拿知识，能够根据按摩室的服务工作规范和服务程序，为顾客提供优质的接待服务，具有较强的饭店产品推销能力，能够维护和保养按摩室器械及设备设施。按摩室服务员的岗位职责具体如下：

（1）负责按摩室营业前各项物品的准备工作，对按摩室的卫生情况进行营业前检查。

（2）负责按摩室的接待服务工作，根据钟房的安排，将顾客引领至按摩室。

（3）及时整理顾客使用过的房间，并更换使用过的客用物品。

（4）负责按摩室场地和设施设备的清洁卫生、维护保养工作。

（5）负责酒水饮料的推销服务。

（6）及时处理按摩室发生的各种突发事件。

2．按摩师的岗位职责

按摩师要熟练掌握按摩工作内容、工作程序，具有医疗保健和按摩服务专业技术知识，熟悉人体穴位和全身与局部按摩操作技巧，能正确使用按摩器械、用品和工具。按摩师的岗位职责具体如下：

（1）熟悉按摩室内各设施的功能和使用方式，主动向顾客介绍服务设施的使用方法及注意事项，爱护设备。

（2）按顾客要求和操作规程为顾客提供按摩服务。

（3）顾客有不合理要求或异常举动时，根据实际情况礼貌地中断对该顾客的服务，及时向上级报告，妥善处理与顾客的关系。

（4）正确掌握和运用按摩的整套程序及各种指法，能针对不同的顾客使用不同的按摩手法。

（5）在进行按摩服务时，要掌握好时间、力度和部位等，严格按照操作程序进行。

（6）保持良好的职业道德，为顾客提供专业服务。

（7）坚守工作岗位，注意按摩室内动态，确保顾客的生命和财产安全。

（8）服从领班的工作安排，自觉按编排顺序进行工作，不得向顾客索取小费、礼物等。

3．钟房服务员的岗位职责

钟房服务员需要接受过相关服务的专门培训，熟悉按摩服务项目和标准，了解有关按摩服务的法律法规，具有良好的语言表达能力和沟通能力，能够很好地与顾客进行沟通。钟房服务员的岗位职责具体如下：

（1）负责按摩室的预订工作，准确记录预订信息。

（2）热情接待顾客，解答顾客有关按摩保健方面的咨询。

（3）为顾客安排房间及排钟，根据顾客所要求的按摩种类和其他要求安排按摩师。

（4）做好记钟、叫钟、加钟、结钟记录服务。

（5）做好每班钟数报表和消费单报表。

（6）准确掌握按摩师上钟、下钟状况。

三、美容美发

为了满足顾客对美丽的追求，美容美发项目是饭店康乐部常设的养生保健项目之一，要求通过专业服务，使顾客体会到美的享受，因此美容美发项目对专业技能要求颇高。康乐部在美容美发项目中设立的主要工作岗位，一般有美容美发主管、领班、服务员、美容师、美发师等，具体如下：

1．美容美发服务员的岗位职责

美容美发服务员要受过专业训练，熟悉美容美发知识，能够根据美容美发的服务工作规范和服务程序，为顾客提供优质的接待服务，具有较强的饭店产品推销能力，能够维护美容美发设备设施。美容美发服务员的岗位职责具体如下：

（1）负责美容美发室营业前各项物品的准备工作，对美容美发室的卫生情况进行营业前检查。

（2）负责美容美发室的接待服务工作，根据顾客需要，将顾客引领至相应的美容美发室，并安排好美容师或美发师。

（3）熟悉美容美发的基本知识及操作程序，熟悉各种美容美发用品用具的性能、特点和使用方法，掌握美容美发用品用具的消毒知识。

（4）及时整理或更换顾客使用过的美容美发用品。

（5）负责美容美发场地和设施设备的清洁卫生、维护保养工作。

（6）负责酒水饮料的推销服务。

（7）及时处理美容美发室发生的各种突发事件。

2．美容师的岗位职责

美容师要具有一定的美容专业常识，要了解与本职工作有关的基础生理知识、营养学知识、化妆品常识和心理学知识，关注当今美容行业的发展新动向，能够熟练应用各种手法和仪器为顾客服务。美容师的岗位职责具体如下：

（1）准时上班，更换统一的工作制服，整理仪容，化淡妆，保持良好的精神面貌。

（2）打扫美容室内外环境卫生，备齐必需的美容用品、用具，整理、清洁货架上陈列的商品。

（3）负责解答顾客有关美容护肤方面的咨询，根据顾客不同皮肤性质提供相应的护理服务，向顾客推销美容产品。

（4）提供服务时应细致入微、热情周到，规范使用礼貌用语，诚恳征询顾客意见和要求，并及时向上级主管反馈信息。

（5）掌握规定的美容按摩技术，研究美容方面的新发展趋势，不断推陈出新。

（6）建立贵宾及常客档案，了解顾客爱好、要求及皮肤特性，以便更好地提供服务。

3．美发师的岗位职责

美发师要具有一定的美发专业常识，具有良好的亲和能力、语言表达能力和沟通能力，能根据服务对象的头形、脸形、体型、发质、年龄、职业等要求，为其进行毛发护理、发型设计、造型及制作。美发师的岗位职责具体如下：

（1）根据顾客的要求，按照顾客的脸型和头发的疏密，认真细致地梳理出顾客满意的发型。

（2）为顾客美发时，精力要集中，动作要轻快，使顾客轻松愉快。

（3）热心解答顾客提出的有关美发的各种问题，根据顾客的发质推销美发用品。

（4）工作中以身作则，技术上精益求精，对助手言传身教，热心将技术传授给助手。

（5）提供服务时应细致入微、热情周到，规范使用礼貌用语，诚恳征询顾客意见和要求，并及时向上级主管反馈信息。

（6）配合、协助上级主管制订各项工作计划、完成各项经营管理任务，并积极参与各项宣传活动等。

第三节　养生保健项目的服务

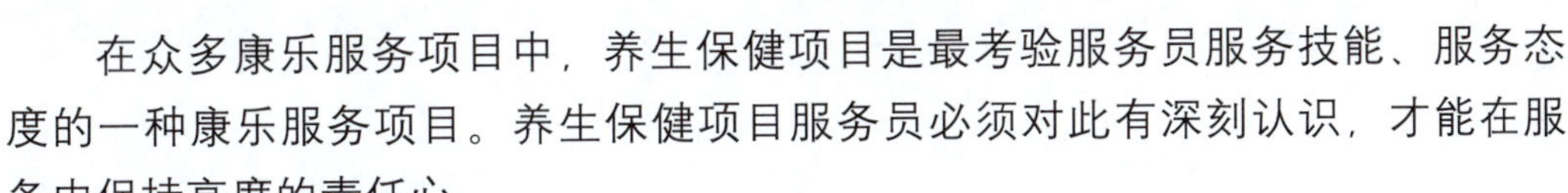

在众多康乐服务项目中，养生保健项目是最考验服务员服务技能、服务态度的一种康乐服务项目。养生保健项目服务员必须对此有深刻认识，才能在服务中保持高度的责任心。

一、养生保健项目服务流程

饭店中，常见的养生保健项目有各类洗浴项目、按摩项目、美容美发项目等，这些养生保健项目的服务流程见表 5—2。

表 5—2　养生保健项目服务流程

工作流程	内容及要求
预订工作	接到预订后，主动向顾客介绍相关洗浴、按摩、美容美发项目的内容和价格，询问并记录顾客的要求、人数、抵达时间、姓名等。复述确认后，应向顾客说明预订可以保留的时间，并向顾客致谢。预订确认后，要立即通知有关项目服务员提前做好服务准备 如遇顾客所需的养生保健项目已被预订或客满，要主动介绍其他类似的养生保健项目或建议顾客错开高峰时间

续表

工作流程	内容及要求
上岗前准备工作	1. 仪容仪表准备 穿好工服，佩戴胸卡，整理仪容仪表，提前到岗，向领班报到，参加班前会，接受领班检查，按要求进行分工
	2. 设施设备准备 打开桑拿设备，调好温度，调好沙漏控时器，并将木桶盛满水；检查服务用品和其他客用品，对足浴盆、美容器材等客用品进行消毒，使其符合卫生标准；整理按摩床，按照规定的数目补充浴衣、浴巾和洗浴物品，将所有客用品放到指定的位置，做好营业前的准备工作；打扫室内环境及设备卫生，保证浴池和蒸汽浴室干净、卫生、无异味
	3. 服务内容准备 查阅值班日志，了解预订情况和上一班次员工交待的其他未完成工作，准备好各种营业表单 最后再检查一次服务工作的准备情况，再次整理仪容仪表，做好迎客准备
迎宾服务工作	1. 热情迎宾 顾客到来时，服务员应面带微笑，主动热情地问候顾客，询问顾客是否有预订。若有预订，则确认预订内容、办好相关手续后直接将顾客引领至预订的位置；若无预订，则根据顾客要求和场地使用情况迅速为其安排场地及服务技师
	2. 寄存更衣 顾客到来时，服务员请顾客“寄鞋领牌”；鞋柜服务员收下顾客的鞋子后，应立即将鞋牌送给顾客，并向总台接待员报鞋牌号 将顾客引领到更衣室，为顾客开启更衣柜，并帮助顾客更衣，将顾客衣物放好，在顾客检查无误后，锁好柜门，将钥匙交给顾客
接待服务工作	1. 桑拿浴 将顾客引领至蒸房，由于桑拿浴室空气湿热，顾客（特别是戴眼镜的顾客）会感到很不方便，这时服务员应主动为宾客指示设备的方位，解说使用方法和注意事项，顾客表示无疑义后，服务员打开计时钟，退出蒸房 顾客桑拿结束后，服务员要及时递上毛巾并引领顾客到淋浴室冲洗，同时按下计时钟，铺好踏脚垫巾 顾客洗浴时，服务员要每隔 10 分钟巡视整个浴室，随时为顾客提供所需服务 顾客淋浴结束后，为顾客更换浴衣，顾客如需按摩，则引领顾客至按摩室，并告知时间和价格
	2. 足浴 准备好足浴按摩盆、顾客选用的药液、足部按摩膏和服务用的毛巾 如果顾客需要脱衣摘帽，服务员要主动为顾客服务，并将衣帽挂在衣架上，请顾客坐下，协助顾客换穿拖鞋 足浴按摩前，服务员应先主动征询顾客需求及需用何种手法，并将顾客的基本情况向足浴按摩师作简单介绍，然后请其做服务工作 足浴结束后，及时征询顾客意见，送上赠送的袜子

续表

工作流程	内容及要求
接待服务工作	3. 按摩 选择适当的交谈时机，说明按摩项目费用标准，适时向顾客推销按摩服务项目 满足顾客的合理要求，如指定按摩师、自备按摩油等 顾客更衣后，将顾客引领至准备好的按摩床，并协助顾客躺下，为其盖好毛巾 将顾客的基本情况向按摩师作简单介绍，向顾客说明按摩师的资历，并为按摩师做助理服务工作
	4. 美容美发 对于初次光临的顾客，应主动引领参观服务环境及设备，介绍相关服务项目 如果顾客选择美容服务，引领顾客至美容室后，请顾客躺在美容床上，为其盖好毛巾及罩布，将顾客的基本情况与需求向美容师做简单介绍，然后协助美容师为顾客做好服务工作 如果顾客选择美发服务，在顾客入座后，帮助顾客调节好座椅的高度和角度；随时与美发师沟通，针对顾客提出的合理服务要求，给予满足和帮助
	5. 其他服务 顾客如需要休息，则引领其至休息室休息，服务员根据顾客需要递上茶水 顾客休息完毕后，若无其他服务要求，服务员为顾客打开更衣柜，并协助顾客穿衣
结账送别工作	1. 结账服务 顾客示意结账时，服务员应主动上前，将账单递送给顾客，收款后立即将单据及余款找还顾客，并向顾客致谢 对要求签单挂账的顾客，服务员应请其出示房卡并与前台收银处联系，待确认后要请顾客在账单上签字，并认真核对顾客的笔迹
	2. 送别顾客 顾客离开时要主动提醒其不要忘记随身物品，并帮助顾客穿戴好衣帽；送顾客至门口并礼貌地向顾客道别，欢迎其下次光临 顾客走后，服务员要及时检查、清理更衣柜，若有顾客遗忘的物品，应向领班或主管汇报，并进行登记，以便及时归还顾客
	3. 清洁整理 顾客走后，服务员要及时冲刷桑拿室，更换洗浴用品和其他客用品，并对相关设施设备进行消毒，整理好桌椅，准备迎接下一批顾客的到来

二、养生保健项目服务注意事项

1. 洗浴项目服务注意事项

（1）顾客进入桑拿房后，服务员应主动询问顾客室温及蒸汽密度是否舒适，并按顾客要求，调节到顾客满意为止。

（2）服务员应准确记录每一位顾客进入桑拿房的时间。以防止长时间使用引起缺氧，导致昏厥。

（3）顾客洗完出来后，服务员应及时为顾客送上浴巾。

（4）足浴按摩前先请顾客进行足浴，注意足浴的水温宜控制在40～50℃，水要把脚踝全部淹没，一般浸泡5～10分钟，再用双手在趾腹、趾根及脚心处揉搓、挤捏、推钻和按压。

（5）顾客在洗浴消费期间提出的合理服务要求，要给予帮助和满足。

2．按摩项目服务注意事项

（1）按摩时双手不宜过凉，手指甲不宜过长，注意力要集中，不能敷衍了事。

（2）对于年龄较大的顾客，按摩时不得采用过重手法，特别是肘按法和肘拨法。

（3）在按摩过程中遇到顾客突然出现头晕、恶心、面色苍白、出虚汗、脉搏加快等症状，应立即停止按摩，不要慌乱。先让顾客平卧于床上，屈膝屈髋，再掐人中穴、十宣穴，按揉印堂穴、内关穴、足三里穴，或者点大椎等即可解除这些症状。

（4）服务员要随时与专业操作人员保持联系，有情况及时沟通。

（5）按摩结束后，服务员应征询顾客意见，帮助顾客穿好衣服并整理发式，为顾客送上茶水，请顾客稍事休息。

3．美容美发项目服务注意事项

（1）美容师、美发师到岗前应换好工作服并签到。

（2）美容服务时，顾客落座后，美容师为其围上罩布，然后按照美容护肤程序进行操作，同时向顾客介绍美容用品的种类、功能和效果。

（3）应给顾客使用消过毒的毛巾等客用品，不使用不合格的营养品和保健品，不做虚假宣传。

（4）美发服务必须与顾客的脸形、体型、个性、生活习惯等相一致，以体现出个人风格。

三、模拟对话

1．模拟对话一

服务员：先生，您好，这是更衣室，您请这边走。

顾客：好的。

服务员：先生，我可以看看的您的手牌号码吗？

顾客：可以。

服务员：噢，518 号，我来帮您打开更衣柜。

顾客：谢谢你。

服务员：先生，这是您的更衣柜。若有贵重物品，我可以帮您寄存在前台。

顾客：没有。

服务员：这是您的更衣柜钥匙，请拿好，向里走，前面就是淋浴室，淋浴后会有服务员为您服务，并送您到桑拿房。

顾客：好的，谢谢。

服务员：不客气，祝您桑拿愉快！

2．模拟对话二

服务员：先生，您好。足浴盆已经准备好，请您先泡脚。

顾客：好的。

服务员：先生，水温可以吗？

顾客：最好再热一些。

服务员：这样可以吗？

顾客：可以。

服务员：先生，足底按摩您喜欢手法重一些还是轻一些？

顾客：重一些。

服务员：我们这里 8 号足疗师的手法很有力道，我可以帮您介绍吗？

顾客：好。

服务员：请稍候，脚泡好后 8 号足疗师将为您服务。

3．模拟对话三

服务员：先生，下午好，我可以帮您什么忙吗？

顾客：按摩中心有什么服务项目？

服务员：我们有泰式按摩、日式按摩、港式按摩、中医保健按摩和香薰保健按摩，您喜欢哪一项？

顾客：我最近工作劳累，腰酸背痛，你看哪一种为好？

服务员：先生，针对您的情况，推荐您采用泰式按摩，它可以快速消除您的疲劳，恢复体能，而且可以增强您的关节韧带的弹性和活力，恢复正常的关节活动功能。

顾客：好的，就选这一项，多少钱？

服务员：120 元。这是您的钥匙牌，请进更衣室。顺便说一下，在您做按摩之前请先洗浴，然后穿上浴衣进入按摩室。

顾客：谢谢！

服务员：不客气，祝您按摩愉快！

四、养生保健项目服务常见问题处理

1．住店顾客提出上房按摩

饭店一般不提倡服务员上房按摩，健身服务台在接听顾客按摩预订要求的电话时，应首先礼貌邀请顾客来饭店的康乐中心按摩，原则上不接受上房按摩要求。如遇特殊情况，例如顾客伤病或过度疲劳等原因，先报告值班经理，经理同意后，可安排一名同性按摩人员或二名异性按摩人员上房按摩。由值班服务台开具表单，标明按摩起始时间段和收费标准。

2．美容服务时不慎对顾客造成伤害

作为一名美容师，因工作不慎给顾客造成伤害时，应该做好如下几项工作来补救：

（1）当事情发生后，立即向顾客表示不安与歉意，讲一些安慰和道歉的话，如“实在对不起”“请原谅”。

（2）视顾客的伤势情况进行处理，严重者应马上送附近医院治疗。立即报告值班经理，由主管陪同，并带上礼品去医院探望问候。

（3）必要时，可退还顾客所付款项，或视情况给予一定的赔偿。

（4）记录事情发生的经过，查找事故发生的原因，吸取教训，防止类似事情再发生。

3．按摩过程中遭遇顾客不轨行为

按摩是一项迅速解除疲劳、恢复体力的健身方式，在按摩过程中，按摩师与顾客不可避免地要进行身体接触，因而应预防个别顾客的不轨行为。

若发生此类情况，服务员应沉着冷静，首先以和善的态度巧妙地转移顾客的注意力，终止事态发展，例如提出“我帮您先去倒杯茶”或“您先翻转过来，做腰部推拿”等，大可不必惊慌失措，或用严词厉语加以斥责。若遇到自己处理不了的情况，要及时报告场地值班经理，由其出面向顾客解释，服务员回避即可，并委婉地告知顾客由于业务忙，暂无法继续提供服务。当然，按摩室的环境氛围也很重要，按摩室应是一个光线适中、较为宽敞的房间，并悬挂必要的顾客须知，为工作人员和顾客提供一个文明、健康、优雅的环境。

4．顾客在桑拿浴室中晕倒

如果发生类似事件，服务员要立即打开桑拿浴室的门，关闭桑拿炉电源，请求顾客的同伴或其他服务员协助将其抬出桑拿浴室，用浴巾铺底，让顾客平躺，再用浴巾盖住其身体。服务员要立即根据已有的急救知识施救，并通知饭店医生和康乐部经理到场。

5．洗浴过程中顾客之间对温度有争议

在桑拿浴室中，服务员可以委婉地向顾客解释理想温度，说服大家认可理想温度。告知需要较高温度的顾客可以选择位置较高处，因为热空气集中在上部，同时，主动多提供冰毛巾给怕热的顾客，积极协调解决争执。

思考与练习

1. 现代饭店中，常见的养生保健项目有哪些？
2. 列举饭店内常见的洗浴活动。
3. 根据手法及内容的不同，人工按摩可以分为哪几种？
4. 足浴的功效有哪些？洗足浴时有哪些注意事项？
5. 哪些人不适合洗桑拿浴？哪些人不宜做保健按摩？
6. 洗浴项目的岗位如何设置？岗位职责分别是什么？
7. 应该谢绝哪些顾客进入桑拿房？应该如何拒绝？
8. 给顾客按摩时，为什么要不时询问顾客的反应？
9. 进行美容美发服务时，如何正确地向顾客推荐产品？
10. 简述洗浴项目、按摩项目和美容美发项目的标准服务流程。

第六章 康乐场所的安全与卫生

在康乐部服务工作中，安全和卫生是两项与经营有密切联系的辅助工作，它们影响到整体经营工作能否正常进行。因此，大多数经营者都比较重视康乐部的安全与卫生管理。

本章对加强康乐场所的安全与卫生工作进行了论述，包括设施设备的安全管理、治安伤害事故和卫生清洁服务等。

学习目标

☆了解康乐项目安全和卫生服务管理的重要性。

☆了解各类康乐项目安全事故产生的原因。

☆掌握各类康乐项目安全事故的预防方法和处理措施。

☆掌握各类康乐项目卫生清洁工作的基本步骤。

☆熟悉各类康乐项目的卫生管理规定和卫生管理标准。

第一节　康乐场所的安全管理

康乐场所往往人员密集，成分复杂，既有进行文化娱乐活动的守法公民，又有不法分子混入其中，并且大多是暂时停留，来去匆匆，彼此互不认识，没有特定的关系。因此，康乐场所既是人们进行文化、娱乐、体育活动必不可少的场所，又是各种不法分子进行违法犯罪活动的聚集场所，也是容易发生各种事故和突发性事件的地方。随着社会的进步，康乐项目的设施规模不断扩大，种类越来越多，康乐经营管理中的安全工作也越来越重要。康乐场所的管理者不仅要加强安全意识，而且要学习和掌握安全防护知识。

一、康乐场所常见事故的种类

1．安全事故

康乐场所安全事故中常见的有人员伤害事故和火灾事故。

（1）人员伤害事故

人员伤害事故主要是指因设施设备的质量问题造成的伤害事故，或者是因顾客不懂操作、不按设施设备的操作规范进行使用而导致的伤害事故。

（2）火灾事故

康乐场所，尤其是歌舞厅、卡拉OK厅等娱乐场所，易燃物多，用电集中，又大多使用易燃材料装修，而且部分顾客消防安全意识淡薄，随意乱扔烟蒂的现象较为普遍，所以火灾事故频频发生。

2．治安事故

康乐场所中常见的治安事故有以下一些形式：

（1）偷盗

康乐场所中的歌舞厅、酒吧灯光昏暗，人员混杂，往往是偷盗行为的常发地。

（2）黄、赌、毒现象

康乐场所既是宣传社会主义精神文明、促进友好往来的场所，同时又容易掺杂精神糟粕、引发精神污染、滋生社会丑恶现象。极少数康乐场所经营者单纯追求经济效益，播放淫秽影像，雇用三陪人员，聚众赌博，容留妇女卖淫，成为有伤社会风化的藏污纳垢的场所，毒化社会文明，危害社会治安。

(3) 打架斗殴事件

打架斗殴多发生在卡拉OK厅、歌舞厅、酒吧等康乐场所，主要原因是酗酒。康乐场所内的打架斗殴事件容易殃及其他顾客，不仅对顾客造成身体伤害，也将使饭店利益和声誉蒙受损失。

二、安全事故的预防措施

1. 主动向顾客提供技术服务与技术指导

康乐场所的服务人员应熟练地操作、使用本部门（如健身房、游泳池、保龄球馆等）的各种设施设备，了解其性能、结构、特点和使用注意事项，以便为顾客提供器械使用指导和操作服务，防止顾客因不恰当的操作而造成伤害。

2. 掌握运动伤害防护与急救处置知识

设施设备操作不当、顾客自身运动方式及运动时间不当、不按规则运动以及康乐管理出现疏忽等原因，容易导致顾客发生运动伤害。康乐场所的服务人员应掌握运动伤害防护与急救处置的知识，保证在顾客出现意外情况时，能及时进行施救和采取应对措施。

3. 提高防火安全意识，加强现场巡逻

康乐场所的服务人员应熟悉各种防火设备的具体位置和各种消防器材的使用方法，加强对各类消防器材的日常检查与维护，同时应加强巡视，及时制止顾客的不安全行为，消除安全隐患，避免火灾事故的发生。

4. 加强对康乐场所和顾客的安全控制

康乐场所人员比较分散，顾客在活动时容易放松对自己财物的保管，造成财物丢失。为此，服务人员应严格执行康乐场所的安全规定，提醒顾客注意保管好私人物品，并做好现场的巡视和防盗工作。

5. 提高紧急情况的应对与处理能力

康乐场所的人员比较复杂，经常会出现一些突发事件，如顾客因酗酒而引发的斗殴等。因此，服务人员应具有较强的应变能力，能及时对突发的治安事件作出反应，将危害和损失降到最低限度。

三、安全事故的应急处理

安全事故的应急处理是指安全事故发生后应采取的处理措施。对安全事故的处理虽然属于被动管理，但是在康乐部的运营过程中，却是不可缺少的。对安全事故的恰当处理，能避免事故扩大，有效减少事故带来的损失。

1．火灾的处理程序

（1）维持现场秩序，判明火灾形势

1）康乐场所发生火灾时，服务人员首先要保持镇静，稳定顾客情绪，维持现场秩序，避免顾客因慌乱而发生踩踏事故。

2）迅速判明起火位置和火势，准备备用照明用具。

（2）报警

服务人员应迅速拨打火警电话，报告起火时间、地点、火情、燃烧物质及报警人等情况。

（3）组织顾客撤离现场

服务人员应立即组织顾客安全有序地撤离火场，确保顾客生命安全。

知识链接

常见灭火器种类及使用方法

1. 干粉灭火器

干粉灭火器使用方便、有效期长，一般家庭使用的灭火器都是这种类型。它适用于扑救各种易燃、可燃液体火灾和易燃、可燃气体火灾，以及电器设备火灾。

干粉灭火器的使用方法如图 6—1 所示。

使用说明

先打开封条，拔出保险销，一手压下鸭嘴，一手抓住喷嘴。

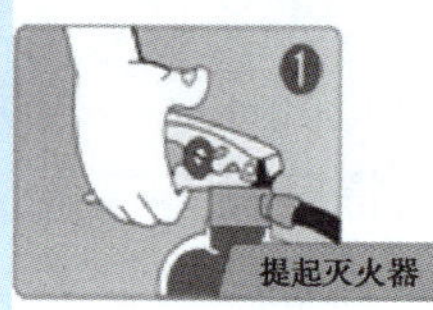

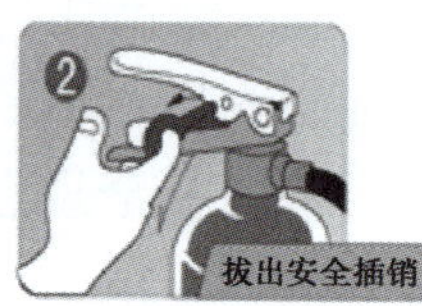

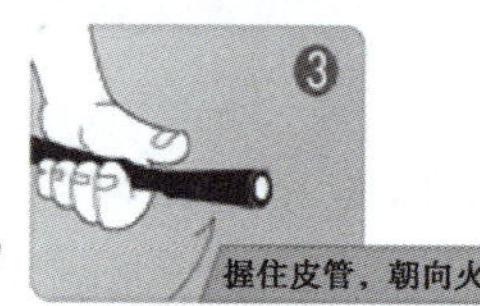

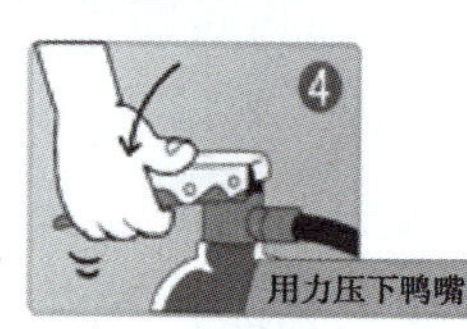

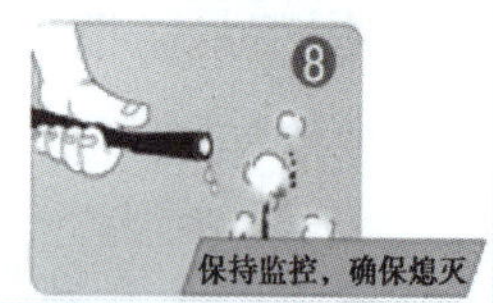

图 6—1　干粉灭火器使用方法

2. 泡沫灭火器

泡沫灭火器适用于扑救各种油类火灾和木材、纤维、橡胶等固体可燃物火灾。

使用泡沫灭火器时，人要站在上风处，尽量靠近火源，因为它的喷射距离只有2～3米，要从火势蔓延最危险的一边喷起，然后逐渐移动，注意不要留下火星。二氧化碳在空气中的含量过多，对人体也是不利的，所以在空气不畅通的场合，喷射后应立即通风。

3. 二氧化碳灭火器

二氧化碳灭火器灭火性能高、毒性低、腐蚀性小，灭火后不留痕迹，使用比较方便。它适用于各种易燃、可燃液体和可燃气体火灾，还可扑救仪器仪表、图书档案、低压电器设备，以及600伏以下的电器初起火灾。

二氧化碳灭火器有开关式和闸刀式两种。使用时，先拔去保险销，然后一手握住喷射喇叭上的木柄，一手按动鸭舌开关或旋转开关，最后提握器身。需要注意的是：闸刀式灭火器一旦打开后，就再也不能关闭了。因此，在使用前要做好准备。

（4）根据火情采取相应处理措施

1）如火势不大，服务人员应就近使用灭火设备扑灭火灾。

2）如火势较大，服务人员应在外围维持秩序，阻止无关人员闯进火场。

2．顾客意外受伤的处理程序

（1）安抚并检查顾客受伤程度

1）发现顾客受到意外伤害后，立刻帮助受伤顾客移至安全位置。

2）向顾客表示歉意，查验顾客伤势，并尽量安抚顾客。

3）情况紧急时（如顾客发生溺水、骨折），服务员应利用已有急救知识立即组织抢救。

（2）通知医务室和领班，并维护现场秩序

1）将顾客受伤经过和伤势迅速通知医务室和领班。

2）征询顾客意见或视当时具体情况，决定是否到医务室治疗。

3）维护现场秩序，避免其他无关人员围观。

（3）送顾客到医务室

如要将顾客送至医务室，需通知大堂经理到场，由大堂经理组织人员护送顾客并安排人员留守。

（4）记录事故经过

将事故发生的经过和处理结果详细记录在值班日志上，以备日后查阅。

3．常见意外伤害急救措施

意外伤害急救，主要是对突发性的严重创伤进行初步、临时的紧急处理。轻微伤害只需做针对性的处理即可，但对严重意外伤害，则要在现场马上进行必要的急救处理，以保护受伤者的生命安全，防止伤情加重，减轻疼痛，预防并发症，为进一步治疗创造条件，争取时间。急救时的初步处理要做到简单、细致、迅速、正确。

下面介绍几种常见的意外伤害急救措施。

（1）外伤出血的处理

导致外伤出血的原因很多，若以出血的情况分类，可以粗略地分为微血管出血、静脉出血和动脉出血。

1）微血管出血。微血管出血一般只需对伤口进行冲洗、消毒，然后涂擦药水或是进行简单包扎即可。

2）静脉出血、动脉出血。这两种情况比较严重，应送至医院急救，并在送医院前进行前期的紧急止血处理。首先，应使创口位置高于心脏位置，然后用干净的纱布（最好是消毒敷料）罩在创口上，施以适量压力，协助止血。其次，用细长的布料在比伤口处更接近心脏的位置用力扎住，这样可有效地阻止出血。

（2）局部淤血的处理

淤血血肿多为钝器所伤，受伤后可反复揉搓肿起的包块，根据需要进行局部按压或冷敷。对于面积比较大的头皮血肿，应及时送医检查治疗。

处理淤血的方法首先是冷敷，用湿毛巾或布包裹冰块，敷于淤血处。如果有出血现象，应在创口覆盖干净纱布，在冷敷的同时止血。

知识链接

冷敷可以使局部毛细血管收缩，减轻局部血管出血，有消炎、止血、止痛、降低体温的作用。冷敷的方法有两种：一种是用冰袋冷敷；另一种是把毛巾放在冷水或冰水内浸湿，拧干敷在患处。

冷敷时，要注意观察局部皮肤颜色，皮肤颜色发紫、伤者感觉麻木时要立即停止冷敷。冷敷时间不宜过长，以免影响血液循环。

（3）烧（烫）伤的处理

烧（烫）伤急救的原则可简单地概括为以下几点：

1）用大量的冷水冲洗患部至少30分钟，直至伤口不热不痛为止。

2）衣服及其他束缚物，如手表、戒指等可造成热滞留的物品应摘掉，如有粘连应用剪刀沿伤口周围剪开。

3）如有水疱，不可戳破，以免伤口感染。

4）用干净纱布敷盖患部，以防感染。

5）迅速送医院作进一步治疗。

（4）骨折的处理

骨折或疑似骨折的伤员，在急救现场均需对患处进行固定后再转送就医。急救固定是临时性的，其目的有三个：一是避免骨折端在搬运时移动，导致软组织、血管或神经受损伤；二是固定后即可止痛，避免休克；三是便于转运。

固定时，若备有特制的夹板最好；若没有，可就地取材，如木棍、木板、雨伞等均可代替作夹板；若以上物品均没有，也可以将受伤的上肢绑在伤者胸部，将受伤的下肢同健侧肢体一起捆绑固定。若肢体有显著畸形，可用手缓慢牵引患肢，使之稍伸直，然后固定，但不可盲目复位，以免加剧软组织、血管和神经的损伤。理想的夹板固定，要求固定骨折的近端和远端两个关节，如前臂骨折，要求同时固定腕关节和肘关节。

（5）刃器刺伤的处理

被刃器刺伤时，若刃器还留在身体内，切忌立即拔出，以免引起大出血，应将其固定好，送医处理；若腹部刺伤导致肠管脱出，不可送回腹腔内时，先用消毒纱布覆盖伤口，然后用干净的碗具扣住肠管，再包扎、固定。

（6）脑震荡的处理

脑震荡是一种在健身运动中易发的运动损伤。运动人员在健身运动中头部不慎与硬物相碰或受撞击增多均可引起脑震荡。脑震荡的处理方法如下：

1）首先要让伤者安静、平卧，不要随便移动位置。

2）对伤者头部进行冷敷，对伤者身体进行保暖。

3）对昏迷者应进行复苏抢救。

4）如伤者昏迷超过 4 分钟，两侧瞳孔大小不一，口、鼻、耳出血，眼睛变为青紫色，清醒后再度昏迷或发生剧烈头痛、呕吐，应立即送医院抢救。

5）对于轻伤者，在清醒后要注意休息，不要过早参加体育运动，防止留下头痛、头晕等后遗症。

（7）休克的处理

很多严重的运动损伤都伴有休克现象。其症状是表情淡漠、反应迟钝、皮肤潮湿、四肢冰凉、脉搏弱而快、呼吸急促、血压下降等。这时，必须马上采取措施，使伤者尽快清醒。

1）一般应让休克者平卧，下肢抬高，保持体温正常，呼吸畅通。

2）掐人中等穴位，使休克者尽快苏醒。

3）经过一般处理后，应立即将休克者送医院进行抢救。

（8）触电急救处理

发生触电事故时，在保证救护者本身安全的同时，必须首先设法使触电者迅速脱离电源，然后进行以下抢救工作。

1）解开妨碍触电者呼吸的紧身衣服。

2）检查触电者的口腔，清理口腔黏液，如有假牙则取下。

3）立即就地进行抢救，若呼吸停止，则采用口对口人工呼吸法抢救；若心脏停止跳动或不规则颤动，可利用人工胸外按压法进行抢救。抢救应持续努力进行，绝不能无故中断。

4）如果现场除救护者之外，还有他人在场，则应立即进行以下工作：提供急救用的工具和设备；劝退现场闲杂人员；保证现场有足够的照明并保持空气流通；向领导报告，并请医生前来抢救。

（9）溺水事故的处理

溺水事故是水上乐园、室内外游泳场馆易发的事故，严重的往往导致溺水者死亡。

一旦发生溺水事故，进行现场急救十分必要。其过程如下：

1）立即清除溺水者口鼻内的污物，检查溺水者口中是否有假牙，如有，则应取出，以免假牙堵塞呼吸道。

2）垫高溺水者腹部，使其头朝下，并压拍其背部，使吸入的水从口、鼻流出。这个过程要尽快，不可占过多时间，以便进行下一步抢救。检查溺水者是否有自主呼吸，如没有，应马上进行人工呼吸。人工呼吸的方法是：使溺水者仰卧于硬板上或地面上，一只手托起其下颏，打开气道，另一只手捏住其鼻孔，口对口吹气，每分钟 16～18 次。

3）在进行人工呼吸的同时，检查溺水者的颈动脉，判断心跳是否停止。如心跳停止，则应在进行人工呼吸的同时进行体外心脏按压。体外心脏按压的方法是：双手叠加对溺水者心脏部位进行每分钟 60～80 次的按压。

4）迅速将溺水者送医院急救，在送医院途中不要中断抢救。

第二节　康乐场所的卫生管理

康乐场所的卫生情况不仅影响饭店的形象，而且还关系到在此工作和娱乐的人员的身体健康。因此，康乐场所的卫生工作在康乐部的经营活动过程中占有极其重要的分量。虽然康乐场所各项目之间在康乐内容、设备结构、使用要求等方面存在差异，卫生内容与卫生要求也不尽相同，但在整体要求方面是一致的。

本节主要介绍不同康乐项目在卫生制度上的共同要求。

一、康体健身项目的卫生清洁服务

1．台球室的卫生清洁

（1）刷拭台呢

规律性地使用专用台呢刷刷拭台呢是台呢保养中必不可少的步骤。在刷拭台呢的过程中一定要顺着台呢绒毛原来的方向刷（绒毛的方向应从开球区至黑球点方向），不可横向刷拭，更不可反向刷拭，否则，台呢绒毛的方向性会被破坏甚至消失，台呢的羊毛纤维纠缠到一起，会影响球速及走位的准确性。另外，刷拭台呢一定要轻柔，以免损伤台呢纤维。

（2）熨烫台呢

不定期地在刷拭台呢后顺着绒毛的方向熨烫台呢，可以提高球在台呢上的滚动速度。熨烫次数取决于球桌的使用频率及室内的温度。在潮湿的环境中应适当增加台呢的熨烫次数。

（3）台球的清洗方法

1）在30℃左右的温水盆中加入适量的液体洗涤剂（尽量不使用洗衣粉），将台球置于水中浸泡5～10分钟，如果球面有污物，需用软毛刷清除。

2）将台球取出置于另一盆30℃左右的清水中清洗。

3）清洗完毕后，用质地柔软的厚毛巾将台球擦干。

4）在台球的表面均匀地喷洒少量碧丽珠，用干毛巾反复擦拭即可。

2．保龄球馆的卫生清洁

（1）球沟、盖板和分道板的除尘

工具：球沟拖把两个、垃圾箱一只、大毛巾或布若干块。

1）盖板和分道板的清扫。从犯规线一端开始，将盖板和分道板擦干净。

2）球道沟的清扫：将球沟拖把放在放瓶区左右球沟中的最后部位，然后向回拉动拖把。注意不要向前推拖把，因为这样会将尘土和脏物都推到大皮带上。然后，转过身体面向发球区，将拖把放在球沟里推至犯规线。小心将拖把上的脏物和灰尘抖到放置在靠近犯规线的垃圾箱内或铺放在发球区的大毛巾上。

（2）球道的除尘与清扫

工具：球道纸芯拖把一个。

首先，将纸芯拖把放在放瓶区的球道上，将球瓶全部推到后面的大皮带上。而后再将其拉回犯规线处（或推至犯规线处）。然后将纸芯拖把卷到干净的部位，推或拉纸芯拖把，再将纸芯拖把卷到干净部位，用同样的方法清扫下一条球道。清扫时，不得将纸芯拖把拉或推过犯规线进入发球区。

为了使球道油的分布相同，拖把纸芯的拖动方向必须一致，不得有的球道向放瓶区拖，有的球道向犯规线拖，最好是从放瓶区向犯规线拖，这样做纸芯不会将球道油带到无油区内，从而保持无油区的良好状态。反之，则会影响球在无油区的转动并引起回球故障。

（3）发球区（助跑区）的除尘与清扫

工具：打磨机一台，合适尺寸的丁字拖把一个、毛巾或干布若干块。

发球区必须每天清洁，对有痕迹的地方要着重处理，可用潮湿（拧至无水流出）的毛巾或布将这些痕迹擦掉，再马上用干毛巾或布擦干净。发球区内不得使用任何不允许使用的化学药品。对于一些较难清洁的污迹，可以用发球区专用清洁剂进行清洗，然后再用丁字拖把将发球区清理一遍。

3．健身房的卫生清洁

健身房要严格执行《公共场所卫生管理条例》和《体育馆卫生标准》的要求，取得“卫生合格证”并设专人负责落实本单位的公共卫生管理制度。加强室内通风换气，室内空气保持新鲜无异味，有机械通风装置的新风量不低于20立方米／人·小时，并定期对空调系统进行清洗消毒。健身房的器材、场地、更衣室（柜）、淋浴室、卫生间等公共场所要保持清洁，定期进行消毒，健身器械要做到每两小时消毒一次，每天消毒不少于4次。健身房主要健身设备的清洁维护方法见表6—1。

表6—1　健身房主要健身设备的清洁维护方法

器材	清洗保养部位	清洗维护方法
跑步机	机器外部、握把、跑带、脚踏板	使用温和皂水，以微湿柔软的布料擦拭
	机器内部	定期将外壳打开，使用吸尘器将内部零件上的灰尘吸净，或用毛刷刷净
	跑带	跑步机每运转100小时后，在跑带和跑板间涂一次机器自带的润滑油
登山机	机器外部、握把、脚踏板	使用温和皂水，以微湿柔软的布料擦拭
	机器内部	定期将外壳打开，使用吸尘器将内部零件上的灰尘吸净，或用毛刷刷净

续表

器材	清洗保养部位	清洗维护方法
登山机	踏板链条	定期使用润滑油润滑踏板链条
多功能综合训练器	椅垫、背垫、靠垫、骨架	使用温和皂水，以微湿柔软的布料擦拭
	镀铬部分、螺钉、铁片轨道等	使用酒精，以柔软的布料擦拭，并对轨道杆均匀涂油
无氧健身器材	各种器械	使用温和皂水，以微湿柔软的布料擦拭，身体频繁接触的部分如手柄、卧推台面等，每天用消毒药液擦拭。

4．游泳池的卫生清洁

（1）打扫迎宾服务台

擦拭台面，整理抽屉、票箱，清理服务台内地面及垃圾箱。

（2）打扫更衣室

营业前冲洗地面，营业中发现卫生情况不良时应随时擦洗，营业结束后清理更衣柜，并对更衣柜进行消毒，清理垃圾桶。

（3）打扫泳池周围场地

地面防滑砖每天先用清洁剂刷洗，然后用清水冲洗；营业前将躺椅、茶几擦拭一遍，营业中随时擦洗，垃圾桶及地面要经常清理。

（4）打扫强制喷淋通道和浸脚池

强制喷淋通道需每天刷洗，下水道篦子应经常清理；浸脚池应每天营业前冲洗干净后放入新水，并按规定的剂量投入消毒药剂。

（5）打扫淋浴室

经常冲洗淋浴室，每天营业前用清洁剂刷洗沐浴室地面和墙壁，经常清理下水道篦子，注意补充浴液。

（6）打扫卫生间

冲洗卫生间地面，刷洗马桶、小便池和洗手池，并对马桶、小便池、洗手池进行消毒，擦拭镜子。

（7）打扫墙壁

洗刷台阶、假山，擦拭窗台、通风罩，擦洗游泳池池壁。

（8）做好水质卫生处理

每天营业前用水下吸尘器吸掉水下污物，为加药泵添加消毒药剂，清理回水口的毛发及污物。

二、娱乐休闲项目的卫生清洁服务

1．卡拉 OK 厅、歌舞厅的卫生清洁

（1）前厅或接待厅

每天清扫前厅或接待厅的地面。如是大理石地面，每天在客流量最少的时段用抛光机补蜡抛光一次，视客流量情况，每三个月或半年重新打蜡一次；营业中用尘推推掉地面上的灰尘和脚印；每周清洁一次墙面卫生；每天清洁沙发上的杂物、灰尘，对皮质沙发应每周打蜡。

（2）音响设备和麦克风

音响设备用抹布擦拭，确保无尘、无污渍。麦克风每天定期消毒，确保干净卫生，符合国家标准。

2．棋牌室、游艺厅的卫生清洁

（1）麻将室

清扫地面、墙面并吸尘，对麻将台面及椅子面进行吸尘，麻将牌每天擦拭并消毒。如果是自动洗牌麻将机，除对台面进行吸尘外还应对机器内部进行吸尘。

（2）服务台

每天清理、擦拭服务台台面和玻璃围栏，将服务台抽屉内的物品摆放整齐，并将服务台下面清理干净。

（3）游艺机

每天将游艺机外表擦拭干净，框体式游艺机的屏幕要用除静电液擦拭，游艺机的手柄应该每天用消毒药液擦拭，凳子用抹布擦拭。

三、养生保健项目的卫生清洁服务

1．桑拿房的卫生清洁

（1）前厅和服务台

前厅和服务台的地面每天吸尘，墙面每周除尘，服务台内外每天擦拭，皮面沙发和茶几每天擦拭，布面沙发每天吸尘，摆放的绿色植物每天浇水。

（2）更衣室

更衣室地面经常擦拭，更衣柜每天营业前消毒一次，营业中每使用一次就整理一次；更衣凳每天消毒一次；客用拖鞋每天刷洗并消毒；梳妆台和梳妆镜经常擦拭，梳妆用品摆放整齐。

（3）淋浴室

冲洗淋浴室墙面和地面，擦拭淋浴隔断，整理、擦拭洗浴用品台，擦拭喷头开关，清理下水道过滤装置。

（4）桑拿浴室

芬兰浴室定期通风换气，木制桑拿台每天营业前应擦拭消毒，墙面每天擦拭，地面每天清理。土耳其浴室定期冲洗消毒，包括墙面、浴台、地面及浴台下面。

（5）水按摩池

每天营业前对循环过滤的沙缸和碳缸进行返洗；放掉池水，刷洗池底和池壁，清理排水口和进水口，然后放入新水并加热，同时向水中投放消毒药剂。

2. 按摩室的卫生清洁

（1）按摩室场地

每天营业前拖洗地面或吸尘，用抹布擦拭墙面和按摩床架上的污迹和灰尘，整理按摩床；下班前清扫地面垃圾和杂物；每月擦拭天花板、通风口一次。

（2）按摩床

顾客使用过后应及时更换床单，一客一换，在每天的指定时间，将更换的床单统一送洗衣房高温清洁消毒，确保床单整洁干净、无破损、无污迹、无钩纱，达到国家卫生标准。每月的第一周对所有按摩床进行大清洁。

知识链接

康乐部员工个人卫生的基本要求

1. 视觉卫生

视觉卫生就是指在他人视线内的身体部位、服饰等的卫生。

（1）身体暴露部位

康乐部服务员应勤理发、勤洗脸、勤刷牙、勤刮胡须、勤洗手、勤剪指甲等。

（2）衣帽鞋袜

康乐部服务员应身穿规定的制服，制服应洁净，不能缺少纽扣或有破损，不穿表面皱裂的皮鞋。

2. 嗅觉卫生

康乐部服务员必须杜绝身体的异味，经常换洗衣裤鞋袜，严禁带体味上岗。

3. 感觉卫生

客人通过联想可以对康乐部服务员的服务举止作出卫生判断。用抠过耳朵、鼻孔、脚趾的手为顾客服务，嘴里叼着香烟工作等都会让顾客觉得不卫生。

思考与练习

1. 为什么要重视康乐部的安全和卫生管理服务?
2. 康乐项目常见的安全事故原因有哪些?
3. 康乐项目的安全事故有哪些预防措施?
4. 顾客在康乐项目中受到意外伤害时应该如何处理?
5. 顾客在康乐场所发生治安事故应该如何处理?
6. 简述康体健身项目、娱乐休闲项目和养生保健项目卫生清洁服务的内容。

第七章 康乐服务投诉处理

康乐部的工作目标是通过提供康乐服务使每一位顾客满意，从而获得利益。但在实际工作中，无论什么档次的康乐部门，无论其管理者在服务质量方面下多大工夫，总会有某些顾客在某个时间对某个项目或某个细节不够满意，当这些不满积聚到一定程度时就会引起投诉。投诉是服务行业特别是康乐行业经常遇到的问题，有些投诉还比较难以处理。然而，投诉能反映出顾客的情绪、愿望和要求，并且能反映出康乐经营管理和服务中的很多问题，从而使康乐部管理者和服务员看到欠缺和不足。

学习目标

☆了解康乐服务中顾客投诉的重要性。

☆熟知康乐服务中常见的投诉原因。

☆掌握康乐服务投诉的处理原则。

☆能够灵活运用各种处理方法解决康乐服务投诉问题。

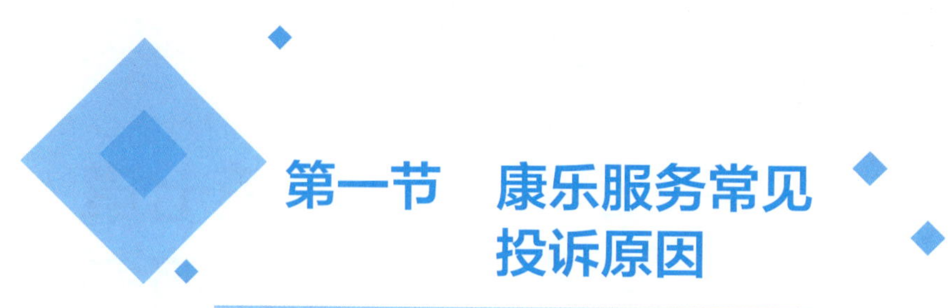

第一节 康乐服务常见投诉原因

处理投诉是饭店康乐部门经常遇到的问题，已经引起了康乐部门的管理者和服务员的重视，且在实践中积累了经验，摸索到不少规律。引起康乐服务投诉的主要原因，往往是顾客对所得到服务的满意度小于期望值。顾客感到不满时，虽不一定都会投诉，但一定会产生抱怨，当这种抱怨的情绪在某一方面超过临界值时，便会引发投诉。这些投诉大致有几种情况：

一、设施设备故障

顾客在康乐消费过程中，如果设施设备忽然出现故障，则很容易引起抱怨，特别是当顾客兴致正浓时。如果故障连续出现或者短时间不能被排除，就可能引起投诉。

康乐设施设备故障引发投诉的具体原因主要有以下几种：

1. 保龄球置瓶机的扫瓶板突然落下，使顾客打出的球失效。

2. 游泳池的更衣柜门突然锁不上或打不开，此时顾客随身携带的物品无法寄存或寄存物品无法取出。

3. 桑拿炉出现故障，升温太慢，无法满足顾客要求。

4. 夏天时，空调出现故障，大堂温度高于28℃。

二、场所卫生状况不佳

消费者对康乐场所的卫生情况要求越来越高，而有时个别服务员忽视卫生工作，就很容易引发投诉。康乐场所卫生状况不佳引发投诉的具体原因主要有以下几种：

1. 游泳池水质浑浊，地面有青苔，池壁有污迹。

2. 游泳池或桑拿浴室的更衣室内有蟑螂或老鼠。

3. 桑拿浴室的休息室沙发太脏，按摩床的床单不能做到一客一换。

4. 洗手间地面太脏，甚至有大、小便或呕吐物。

5. 保龄球道的发球区有油迹，高尔夫球杆上有汗迹、污迹。

6．保龄球鞋没有清洗、消毒，有异味。

7．电子游艺机手柄有油迹、污迹。

8．麻将室的麻将牌上有油迹、污迹。

三、服务人员服务态度不端正

服务员服务态度不端正导致顾客不满而引发投诉。这类投诉在康乐服务中也比较多见，不过近几年来，随着经营观念的改变和服务员素质的提高，这类投诉的比例已有所降低，但仍时常发生。康乐部服务员服务态度不端正引发投诉的具体原因主要有以下几种：

1．服务员服务时不使用礼貌用语，有个别服务员看见顾客无意中违反规定，便大声训斥，使本来用礼貌用语能解决的问题得不到解决，有时甚至使矛盾激化而引发投诉。

2．服务员的服务动作很随意，如向顾客递送保龄球鞋时很随便地扔在柜台上。

3．服务员的站姿或坐姿懒散，如游泳池的救护员跷着二郎腿或半躺半坐在椅子上。

4．服务员与顾客开玩笑不分场合，使顾客在朋友、妻子、上司、父母面前丢面子或造成误解，例如某公司经理带着家人到保龄球馆打球，一个服务员开玩笑说："上次与您一起来的 × 小姐今天怎么没来呀？" 这样的玩笑也许是不经意的，但很可能会使顾客与家人之间产生误解，引起顾客不满。

5．桑拿浴室服务员为顾客提供的毛巾有破损，顾客指出后仍不更换。

6．服务员为顾客送饮料时弄脏了顾客的衣服，未能及时道歉并主动提出解决问题的办法。

7．为顾客讲解康乐活动相关事宜时不认真，对顾客提出的问题未及时回答。

四、服务人员效率低下

虽然服务人员工作效率低不一定引发投诉，但一般会引起顾客抱怨，如果再发生别的问题则很可能会导致投诉。服务员效率低下引发投诉的具体原因主要有以下几种：

1．游泳池服务员收票、发钥匙的速度太慢。

2．电子游艺机出现故障，服务员不能及时排除。

3．台球室服务员开写单据速度太慢。

4．打保龄球的顾客需要饮料，服务员未及时提供。

五、服务人员经验不足引发投诉

康乐项目个别服务员由于经验不足，处理问题不当，也会引起顾客投诉。服务员经验不足引发投诉的具体原因主要有以下几种：

1．康乐设施设备出现故障时，服务员不知如何处理，导致顾客等待时间过长。

2．顾客提出一些刁钻古怪的问题时，没有经验的服务员不知如何应对。

3．服务员在服务过程中发生突发事件时，如断电、天花板突然漏下污水、某位顾客突然休克、顾客与顾客之间发生斗殴等，由于没有经验，导致事态扩大，增大后期处理的难度。

4．顾客为微不足道的小事为难服务员，没有经验的服务员因处理不当而使矛盾扩大。

六、服务人员服务技能不佳

各个康乐项目都要求服务员具备相应的服务技能，否则就不可能提供令顾客满意的服务，并可能引发投诉。服务员服务技能不佳引发投诉的具体原因主要有以下几种：

1．游泳池救护员救护技能差，在救护时使顾客受到伤害。

2．台球、高尔夫球服务员不懂运动规则，没有示范能力，无法满足顾客要求。

3．游艺机服务员不会操作游艺机，卡拉 OK 厅服务员不会操作点唱机等设施设备，无法指导顾客使用。

4．按摩技师的技能差，技法不正确，顾客按摩保健的目的无法达到，甚至可能受到伤害。

5．结账时，服务员算账慢或算错金额。

七、发生安全事故

康乐场所由于发生安全事故而引发的投诉数量不多，但处理的难度往往较大，具体原因主要有以下几种：

1．游泳池的更衣柜被撬，顾客报称有财物损失。

2．游泳顾客淋浴时无意间碰到热水开关而烫伤皮肤。

3．顾客坐水滑梯时与其他顾客碰撞受伤。

4．顾客进行康乐活动时由于动作不正确导致滑倒、摔伤等。

5. 游泳顾客发生溺水事故。

这些事故一旦出现，大部分顾客都试图从康乐部门获得赔偿，因而投诉几乎是必然的。

第二节　康乐服务投诉处理

顾客在康乐场所消费，如果认为其付出的费用与其得到的服务质量无法成正比时，就会产生抱怨，甚至引发投诉。能否正确认识和妥善处理顾客的抱怨和投诉，直接影响到饭店康乐部的形象和效益。

一、正确认识康乐服务投诉

当康乐部提供的服务达不到顾客的期望值时，顾客就会抱怨，当顾客非常不满意时就有可能投诉。康乐部员工都不希望受到顾客的投诉，但是顾客的投诉是难以避免的。成功的康乐部善于把投诉的消极面转化成积极面，通过处理投诉来完善自己的工作，以防投诉事件的再次发生。正确认识顾客的投诉就是不仅要看到投诉对康乐部的负面影响，更要学会在处理投诉事件的过程中化消极为积极，变被动为主动。

通过投诉，康乐部可以及时发现自身存在的问题，可以及时采取对策解决问题。即使是顾客有意挑剔、无理取闹，康乐部也可以从中吸取教训，为提高经营管理质量积累经验，使管理制度不断完善，服务质量不断提高。

二、康乐服务投诉的处理原则

尽管康乐服务投诉的内容和形式各不相同，康乐部对每件投诉的处理方法也不一样，但是处理投诉时所依据的原则和标准却是基本一致的，具体有以下几点。

1．不扩大事态

绝大部分顾客的投诉动机是善意的，他们一方面是为了得到某种形式的补偿，另一方面也是想让康乐部提供更好的服务。因此，在处理投诉事件时，无论顾客采取什么样的投诉方式，负责处理投诉事件的人员都应坚持不扩大事态的原则，尽量减小投诉事件所造成的影响。

2．依法、依规

处理投诉时必须以事实为依据，以法律法规为准绳，有理、有利、有节地进行。康乐部或康乐企业的管理人员和服务人员必须熟悉相关的法律法规，并力争做到依法、依规处理投诉事件。

3．真诚

通过顾客的投诉，饭店康乐部可以及时发现自身存在的问题，弥补不足，以便提供更好的服务。因此，任何时候受理投诉事件的人员都不要和顾客争吵，应真诚地听取顾客的意见，表现出愿为顾客排忧解难的诚意，要对顾客遭受的损失表示同情，以争取问题的圆满解决。这种服务态度本身就是对顾客的一种补偿，有利于更好地解决问题。

4．兼顾饭店、顾客、服务员三方利益

饭店、顾客、服务员三方的利益是对立统一的，受理投诉事件的人员在处理投诉事件时，应兼顾三方的利益。处理投诉事件的人员是饭店的代表，当然会考虑饭店的利益，但也不能因此损害顾客和服务员的正当利益。在处理投诉事件时，如果为了饭店的利益而不惜损害顾客的正当利益，就会迫使顾客对直接向饭店投诉失去信心，转而通过其他方式发泄自己心中的不满，这只会给饭店带来更大的损失；如果损害服务员的正当利益，就可能打击服务员的积极性，不利于饭店的长远发展。所以，在处理顾客投诉事件时，一定要兼顾饭店、顾客、服务员三方的利益。

三、康乐服务投诉的处理方法

顾客投诉的原因、目的、方式不同，处理投诉的方法也不同。在处理投诉时，有些成功经验需要坚持，但遇到特殊情况时也需及时变通。

1．以平和的心态对待顾客的投诉

负责处理投诉事件的人员要用正确的心态看待顾客的投诉行为，应该看到顾客的投诉为企业提供了挽回自身声誉的机会，对顾客正常的投诉行为应该持欢迎态度。受理投诉事件的人员在处理顾客投诉时，要兼顾企业、顾客、服务员三方利益，只有态度端正了，才能以平和的心态妥善地处理顾客的投诉。

2．虚心接受，并诚恳地表达歉意

遇到顾客投诉时，处理投诉事件的人员应专注地倾听顾客诉说，准确领会顾客意思，确认问题性质，把握问题的关键所在。当顾客提出问题后，应诚恳地向顾客道歉，并请求顾客的谅解。对能够当场解决的问题，应争取当场解决；对不能当场解决的问题，也要向顾客解释情况，并告知具体的解决日期。

遇到顾客投诉时，处理投诉事件的人员不应因为顾客的投诉与自己没有关系或者不在自己的服务范围就不闻不问，而应积极引导顾客寻求解决方案。在处理投诉时，应提倡首问负责制，即第一个受理投诉的员工应该负责给顾客一个有效的答复。不管顾客的投诉是否有道理，受理人都应耐心地听取顾客的意见，必要时还要做记录，记住顾客的意见和要求。对顾客提出的合理意见应该虚心接受，对一些不合理的要求也应委婉地解释，而不应与顾客辩论或争吵，以免激化矛盾。

3．分析顾客投诉类型，不同情况不同对待

从顾客投诉时的表达方式来说，有比较理智的，有失望痛心的，还有比较火爆的；从顾客投诉的目的来说，有发表意见的，有期望获得尊重的，有期望获得赔偿的，也有恶意投诉的。处理投诉事件的人员要分析顾客的投诉类型，针对不同类型的投诉采取不同对策。

（1）根据顾客投诉时的表达方式确定处理策略

1）理智型。这类顾客在投诉时力图以理智的态度、平和的语气和准确清晰的语言向受理投诉者陈述事件的经过及自己的看法和要求。这类顾客一般不会出现过激的言行，处理这样的投诉事件也相对比较容易。一般来说，负责处理投诉事件的人员只需耐心听完顾客的陈述和要求，然后根据事实和相关的规定做出处理决定，并加以详细解释即可满足顾客的要求。

2）失望痛心型。这类顾客的情绪起伏比较大，时而愤怒，时而遗憾，时而厉声质询，时而摇头叹息，对企业或某事件深感失望，并对自己遭受的损失痛心不已。遇到这类顾客时，受理投诉的人员可以不急于提出解决问题的方案，应该学会充当一名倾听者，倾听顾客的陈述和抱怨，并对顾客的遭遇表示同情和安慰，直到顾客情绪平静下来时再提出解决方案。

3）火爆型。这类顾客很难控制自己的情绪，往往在产生不满的那一刻就大喊大叫，并希望能够尽快干净利落地彻底解决问题。在感到不满时，这类顾客还可能说出一些过激的话，做出一些过激的事。遇到这类顾客时，受理投诉事件的人员应切忌据理力争，因为这只会激化矛盾。

（2）根据顾客投诉的目的确定处理方案

1）合理化建议的投诉。这类投诉的目的主要是为了改善某项服务，调整某项服务的方式或调整某项服务的时间等。例如，一些经常到健身馆参加健身的顾客建议在健身馆里增加茶水服务；一些喜欢游泳的顾客建议游泳馆提前开始营业；一些喜欢打网球的顾客建议网球馆提供网球陪练服务等。在处理这类投诉时，应首先对顾客的合理化建议表示感谢，并对给顾客造成的不便表示歉意，然后把顾客的意见尽快反映给康乐部管理人员，能够马上改进的要尽快答复顾客，不能马上改进的也要告知顾客原因。

2）希望得到尊重的投诉。这类顾客的自尊心比较强，当他们感到自己没有得到应有的尊重时，就会投诉。例如，醉酒的顾客到健身房健身，被服务员严词拒绝；住店的常客在康乐部刷卡时却被当众告知资金不够；在特色酒吧消费的顾客长时间得不到服务。处理这样的投诉事件应该首先向顾客道歉，请求顾客的谅解。即使是顾客的责任，必要的道歉也会缓解顾客的情绪，提高顾客的满意度。据理力争可能会让顾客无言以对，但却可能从此失去这位顾客。

3）要求得到补偿的投诉。有些顾客在消费的过程中，身体受到了伤害或者经济受到了损失，他们在投诉时除了会要求得到精神上的安慰，还会要求得到一定的物质补偿。例如，顾客在健身房健身时丢失了衣物，在游泳池冲洗时烫伤了身体，在夜总会消费时被不小心的服务员用饮料溅湿了衣服等。处理这类投诉时，除了要向顾客道歉外，还应根据实际情况和责任大小给顾客以适当的经济补偿。

4）不合理投诉及恶意投诉。不可否认，有个别顾客的投诉是别有用心的恶意投诉。例如，有的顾客随意把烟头扔在地毯上，服务员及时制止后，顾客不但不道歉，反而投诉服务员服务态度差；有的顾客希望得到额外服务而被拒绝时却投诉服务质量差；有的顾客随地吐痰、言辞粗鲁，在受到服务员的劝阻时不但不及时改正，反而投诉服务员服务态度差等。当出现这类事件时，康乐企业也不能盲目地逢迎顾客，不能为了顾客的需要违反国家的政策法规，也不能为了顾客的需要而牺牲企业和服务员的正当利益。

思考与练习

1. 康乐服务常见的投诉原因有哪些？

2. 如何正确理解顾客的投诉，顾客的投诉对康乐企业或康乐部门有何意义？
3. 康乐服务投诉的处理原则有哪些？
4. 简述康乐服务投诉的处理方法和程序。
5. 顾客要求得到补偿的投诉应该如何处理？